KB039087

4·16구술증언록 유가족 활동 단체 제5권

그날을 말하다

4·16가족극단 '노란리본'

4·16구술증언록 유가족 활동 단체 제5권

그날을 말하다

4·16가족극단 '노란리본'

4·16기억저장소 기획 편집
(사) 4·16세월호참사가족협의회 지원 협조

일러두기

1. 음절로 식별 가능한 소리를 들리는 대로 전사하는 것을 원칙으로 한다.

2. 의미를 파악하기 위해 추가 설명이 필요할 경우 [ ]로 표시한다.

3. 몸짓, 어조 등 비언어적 행위는 ( )로 표시한다.

4. 구술자가 말을 잇지 못해 말줄임표를 사용하는 경우 ……, …로 길고 짧음을 표시한다.

5. 비공개 영역은 〈비공개〉로 표시한다.

6. 비공개해야 하는 희생자 형제자매의 이름은 ○○, △△ 등의 도형기호로, 생존자의 이름은 A, B, C 등 알파벳 대문자로 표시한다.

7. 비공개해야 하는 제3자는 직분이나 소속, 성만 공개하고, 이름은 ××로 표시한다. 비공개해야 하는 숫자는 자릿수에 상관없이 □로 표시하며, 지명은 □□로 표시한다.

4·16기억저장소에서는 세월호 참사 5주기를 맞아 구술증언 수집 사업의 결과물 일부를 100권의 책으로 발간하게 되었습니다. 이 사업은 2015년 6월부터 다양한 학문 분야 구술 연구자들의 자발적인 참여로 진행되어 왔으며, 세월호 참사를 좀 더 정확하고 다각적으로 기록하고 기억하고자 하는 노력의 일환으로 수행되었습니다.

2014년 참사 발생 이후, 참사 피해자들의 목격담과 경험은 안타깝게도 공식적인 국가기관과 언론의 기록 속에서 철저히 소외되거나 왜곡되었습니다. 그것은 세월호 참사가 우리에게 안긴 죽음과 고통의 충격만큼이나 우리 사회의 끔찍한 비극이었습니다. 따라서 사업을 진행하면서 세월호 참사 희생자 가족, 생존자, 생존자 가족, 어민, 잠수사, 활동가, 기자 등등, 참사의 초기 과정을 직접 경험한 분들의 증언을 우선적으로 수집했습니다. 구술자는 이 사업의 취

지와 방식에 개인적으로 동의한 분 중에서 선정했으며, 참여 과정에 어떠한 금전적 보상이나 이익이 제공되지 않았습니다. 또한 구술증언 수집 사업을 진행하는 동안, 면담자는 연구자이자 참사를 겪은 공동체 시민으로서 최대한 윤리적이고자 노력했습니다.

구술자마다 매회 약 2시간씩 3회를 원칙으로 음성 녹취와 영상 촬영을 하는 방식으로 진행되었고, 증언의 일관성을 확보하기 위해 면담자는 큰 틀에서 공통 질문지를 사용했습니다. 공통 질문지의 내용은 참사와 구술자 간의 관계성에 따라 차이가 있지만, 유가족 구술의 경우 1회차 '참사 이전의 삶, 팽목항과 진도에서의 경험, 자녀에 대한 기억'을, 2회차 '참사 이후 투쟁과 공동체 활동 경험'을, 3회차 '참사 이후 개인 및 가족이 경험한 삶의 변화와 깨달음, 자녀의 현재적 의미'를 중심으로 했습니다. 이처럼 증언 내용은 참사 이전에서 시작해 참사 발생 당시의 경험과 이후의 변화 과정까지 폭넓게 수집했고, 면담자는 구술 채록 과정에서 구술자의 발화를 최대한 존중하고자 했으며, 무엇보다 각자의 특수한 경험과 다른 시각을 충실히 반영하고자 했습니다.

이 구술증언록의 발간을 위해, 채록된 음성 자료는 문서로 변환해 구술자와 함께 검토했고, 현재 시점에서 공개할 수 있는 영역과 할 수 없는 영역으로 구별했습니다. 따라서 책에 실린 내용은 모두 구술자로부터 공개를 허락받은 부분입니다. 비공개 영역은 추후 구술자의 동의를 받아 적절한 절차를 거쳐 추가로 공개될 수 있으리라 생각합니다.

이 구술증언록 100권에는 그동안 우리 사회에 왜곡되어 알려지거나 잘 알려지지 않았던, 참사 발생 직후 팽목항과 진도 혹은 바다에서의 초기 상황에 관한 중요한 증언이 포함되어 있습니다. 또한, 자녀를 잃는 잔인하고 애통한 상황을 겪으면서도 그 누구보다 강인한 정치적 주체로 성장할 수밖에 없었던 유가족의 마음과 경험을 구체적으로, 그리고 여러 각도에서 살펴볼 수 있습니다. 그 외에도, 이 구술증언록은 2014년을 전후한 한국 사회의 여러 측면을 드러내는 귀중한 자료가 되리라고 생각합니다. 무엇보다 국내외의 많은 분이 이 책을 읽어, 장차 세월호 참사의 진상 규명과 역사 서술에 기여할 수 있기를 바랍니다.

구술증언 수집 사업이 진행되고, 책으로 출간되기까지 많은 분의 도움과 지지가 있었습니다. 이 지면을 빌려 부족하나마 감사의 말씀을 전하고자 합니다.

먼저 (사)4·16세월호참사가족협의회와 4·16기억저장소에 감사를 드립니다. 이분들의 신뢰와 적극적인 협조가 없었다면, 이 사업은 처음부터 시작할 수조차 없었을 것입니다. 또한 어려운 정치 환경 속에서도 사업의 취지에 공감해 재정 지원을 결정해 준 아름다운가게와 역사문제연구소에 감사드립니다. 두 단체 덕분에, 이 사업을 4년 동안 계속해 올 수 있었습니다. 그리고 구술증언록 100권의 발간에 동의하고, 바쁜 일정에도 출판 실무를 기꺼이 맡아주신 한울엠플러스(주)에도 감사를 드립니다. 이 외에도 많은 개인과 단체가 직간접적으로 많은 도움을 주시고 격려해 주셨습니다. 여기에 모두 밝히지 못하는 것을 죄송하게 생각합니다.

　말할 필요도 없이, 가장 크고 또 가슴 아픈 감사는 구술자 한 분한 분께 드리고자 합니다. 이 책이 발간될 수 있었던 것은, 무엇보다 용기를 내어 아픔과 고통의 기억을 다시 떠올리고 장시간 진심으로 이야기를 해주신 구술자가 있었기 때문입니다. 오랜 시간 이야기를 나누며 함께 공감하기도 했지만, 그 아픔과 고통을 어떻게 가늠할 수 있을까 싶습니다. 더 큰 도움이 되지 못함을 안타까워하며, 이 구술증언록 100권의 발간이 피해자분들에게 조금이라도 위로가 될 수 있기를 기원합니다.

2019년 4월

4·16기억저장소 구술팀 책임자
서울대학교 인류학과 교수 이현정

차례

■ 1회차 ■

4·16가족극단 '노란리본'

4·16가족극단 '노란리본'은 유가족 엄마들과 생존 학생 엄마 한 분이 모여, 대사 하나하나에서 아이들을 느끼며, 그리움의 고통을 예술로 승화시켜 가는, 그 어떤 극단과도 구별되는 훌륭한 극단으로 성장했다. 단장인 수인 엄마를 비롯한 단원들은 공연을 통해 4·16 세월호 참사를 세상에 알리고, 진상 규명에 모두가 끝까지 동참하게 하는 데 혼신을 다해온 투쟁의 예술인들이다. 연습할 때마다 아이가 떠올라 눈물이 마르지 않았던 그들이지만, 단원들의 토닥임과 관객들의 호응으로 더욱더 단단해졌다. 그 단단함으로 〈그와 그녀의 옷장〉, 〈이웃에 살고 이웃에 죽고〉의 두 공연을 각각 수십 회에 걸쳐 성공리에 마무리할 수 있었고, 새 작품인 〈장기자랑〉을 또 연습하는 중이다. 지금도 아이들의 힘으로 버텨가며 고된 일정을 소화하고 있는 그들은, 4·16가족극단 '노란리본'이 있어 진상 규명에 한 걸음 더 다가갈 수 있고, 또 세상이 조금이나마 따뜻하게 바뀌어갈 수 있게 되기를 바라고 또 바란다.

4·16가족극단 '노란리본'의 집단 구술 면담은 2019년 3월 24일, 1회 4시간 20분 동안 진행되었다. 면담자는 강재성, 촬영자는 우지안이었다.

구술자 본인들의 프라이버시나 제3자의 프라이버시를 보호해야 할 부분을 제외하고는 구술자들의 발화를 있는 그대로 전사했다.

1회차

2019년 3월 24일

1
시작 인사말

면담자   본 구술증언은 4·16 사건에 대한 참여자들의 경험과 기억을 기록으로 남김으로써 이후 진상 규명 및 역사 기술에 기여하고자 합니다. 지금부터 4·16가족극단 '노란리본'의 집단 구술을 시작하겠습니다. 오늘은 2019년 3월 24일이며, 장소는 안산시 단원구 4·16기억교실입니다. 참석하신 구술자는 1반 애진 어머니 김순덕 씨, 3반 예진 어머니 박유신 씨, 6반 영만 어머니 이미경 씨, 6반 순범 어머니 최지영 씨, 7반 동수 어머니 김도현 씨, 그리고 김태현 감독님입니다. 면담자는 강재성이며, 촬영자는 우지안입니다.

2
구술증언 참여 동기 및 근황

면담자   첫 질문을 드리기 전에 먼저 호칭을 여쭙고 싶습니다. 저는 보통 구술을 진행할 때도 평소에 뵐 때처럼 "어머님, 아버님" 이렇게 말씀드렸는데요. 그런데 오늘은 4·16가족극단의 배우로서 오신 거니까 "이미경 배우님" 이런 식으로 불러드리는 게 나을까 싶어서요. 혹시 어느 쪽이 좋으시겠어요?

영만 엄마   아니 뭐 편하신 대로 하세요. 어머님이라고 하는 게 더 진행이 부드럽지 않겠어? (웃음)

면담자　　　네, 알겠습니다. 그리고 감독님은 그냥 "감독님"으로 부르면 될까요? 어머님들은 감독님을 뭐라고 부르세요?

구술자 일동　　　감독님!

순범 엄마　　　나도 감독님이라 그래.

예진 엄마　　　나도. [감독님이] 입에 뱄어.

김태현　　　계속 감독님이라고 하시는데, 괜찮아요. 감독님이 편하시면 감독으로 해주세요(웃음).

면담자　　　아, 그러면 저도 감독님으로 하겠습니다.

김태현　　　(스스로를 가리키며) 감독님으로, 네 (모두 웃음) 좋습니다. 4·16가족극단 '노란리본'의 예술감독으로서 열심히 한번 해보도록 하겠습니다(모두 웃음).

면담자　　　그러면 첫 질문을 먼저 드릴 텐데요. 요거는 개인별로 돌아가면서 한 분씩 말씀해 주시면 감사하겠습니다. 먼저 이번 집단구술에 참여하시게 된 동기와 이 구술 기록이 어떻게 사용되었으면 좋겠는지를 말씀해 주세요. 그리고 앞에 간단하게 "누구 어머니, 누구누굽니다"라고 소개도 부탁드리겠습니다. 먼저 감독님부터 부탁드릴게요.

김태현　　　아, 그럴까요(웃음). 동기… 글쎄요. 어쨌건 [4·16]기억저장소로부터 먼저 요청을 받았는데, 뭐 어쨌건 우리 4·16가족극단 '노란리본'이 햇수로 올해 벌써 5년 차로 이제 활동을 하고 있는데, 그동안 두 개의 공연을 만들어서 한 공연은 50회, 한 공연은 70회 정도 공연을 해왔던 역사들이 있고, 이제 세 번째 공연을 만들고 있는 중인데, '이런 극단의 활동을 이제 한번 한 권의 책에 좀 담아서 정리할 수 있는 기회가 되겠구나' 싶어서 굉장히 고마웠고 또 반가운 맘이 있어서 구술에 임하게 되었습니다. 그리고 동기랑 또 뭐였죠?

면담자   구술 기록이 어떻게 쓰였으면 좋겠는지요.

김태현   아, 포함된 내용이긴 한데, 어쨌건 우리는 공연으로 말하는 사람들이긴 하지만 극단이 언제부터 시작됐고 어떤 활동들을 했는지를 좀 이렇게 체계 있게 볼 수 있는, 뭐랄까? 우리의 역사를 기록한, 역사서로서 활용됐으면 좋겠다는 바램이 있습니다.

면담자   네. 그리고 기록을 위해 성함도 같이 부탁드릴게요.

김태현   네, 김태현 감독이었습니다. 이걸 먼저 얘기를 했었어야 됐군요(웃음).

면담자   다음 영만 어머님부터 순서대로 부탁드리겠습니다.

영만 엄마   별거 아닌 것 같애도 엄청 어려운 질문인 것 같은데(웃음).

면담자   편하게 말씀해 주시면 돼요.

영만 엄마   구술 동기야 뭐…, 그러니까 우리가 매일매일 이렇게 활동하구 다니고는 하지만 이것도 기록이라면 기록인데, 그걸 우리가 직접 못 하잖아요. 그렇기 때문에 처음에 기억저장소에서 이 구술을 하고자 했던 목적도 정말 먼 훗날에 역사에 남겨졌으면 좋겠다는 그런 마음으로 원래 시작을 한 거라 알고 있거든요, 그런 기록을 하기 위해서. 그래서 처음에 개인 구술 기록도 그런 의미에서 했었던 거고,

이번에 연극단도 역시 마찬가지로 이런 활동 중에 하나로 '우리 가족들이 어떤 마음과 어떤 모습으로 우리가 이런 시간들을 견디고 지냈는지, 뭐 그런 것들도 기록이 되었으면 좋겠다'는 그런 생각에서 하게 됐구요. 그리고 이 구술 책도, 그러니까 물론 많은 사람들이, 세월호 참사에 관심이 있는 사람들이 연극을 많이 보셨지만, 책도 나온다고 해도 역시 마찬가지겠죠. 관심 있는 사람들은 보겠지만 그렇지 않은 사람들은 또 접하지 못할 수도 있는데, 그래도 연극은 지나가서 못 볼 수도 있지만 혹시 이 책을 통해서라도 나중에 '아, 4·16가족극단 '노란 리본' 엄마들이 이런 이런 활동으로 이런 연극을 올렸고, 또 이런 모습들로 또 사람들에게 세월호 참사를 기억할 수 있도록 이런 활동들을 이런 작품들을 이렇게 보여줬구나'라는 거, 그런 게 담아졌으면 좋겠어요.

면담자   감사합니다.

영만 엄마   어, 6반 이영만 엄마 이미경입니다(웃음).

애진 엄마   저는 그 2학년 1반 장애진 엄마 김순덕입니다. 제가 저… 생존 학생 엄마죠. 구술을 하게 된 게, 개인 구술을 부탁은 받은 것 같은데 좀 하기가 좀 그랬어요. (떨리는 목소리로) 제가 이 구술을 해야 되나? 좀 미안하기도 하고…. 우리가 이걸 구술 자체가 기록을 남긴다는 게 굉장히 중요하긴 하다고 생각을 해요. 그런데 아직까진… 구술을 한다는 게 좀 미안한 생각이 들었었어요. 그렇지만 이 연극이라는 자체는 같이하잖아요, 영만 엄마가 말씀하신 것처럼, 음… 우리가 어떤 세월호… 연극을 하는 것 자체가, 엄마들이 무대에 올라가는 것 그 자체로 세월호거든요. 그래서 '이건 꼭 남겼으면 좋겠다'는 생각에 같이 동참하게 됐어요.

면담자   감사합니다, 이제 예진 어머님.

예진 엄마   네, 안녕하세요, 저는 2학년 1반 정예진 엄마 박유신이고요. 저는 물론 개인 구술도 했지만 저희 '노란리본'이 단체 구술 제안[이] 들어오기 전부터 굉장히 '저희 극단의 기록이 있었으면' 하는 마음이 되게 많았었어요. 왜냐면 [4·16]합창단 같은 경우도 계속 일정이 있을 때마다 기록하는 사람이 계속 카메라 들고 따라다니고 하는 그걸 봐오면서 '아, 우리 극단은 그런 게 왜 없을까?' 왜냐면 저희가 지금 어… 〈이살이죽〉[연극 〈이웃에 살고 이웃에 죽고〉]만 해도 60회? 53회차까지 공연을 했어요.

영만 엄마   63회.

예진 엄마   53회 아냐?

영만, 동수, 순범 엄마   (동시에) 63회.

예진 엄마   근데 그렇게 했는데, 지금 하루 동안에 몇 시간만[이라도] 이런 걸 저희가 다 기억을 못 하거든요. 그런데 '따라다니면서 [기록을] 했으면 좋겠는데' 이런 생각을 굉장히 많이 했었던 참에, 이렇게라도 이런 자리가 있어서 여러 사람이 있으면 내가 미처 생각지도 못했던 게 나를 통해서 자꾸자꾸 나올 수 있잖아요. (영만 엄마를 가리키며) 저기 언니가 말씀해 준 것처럼, 우리 하나하나 행동들이 다 역사고 기록인데 이것들이 없어지는 것에 대해서, 나중에 지나면 잊어버리는데 이런 과정들을, 그냥 저희가 [연극을] 웃으면서 즐기려고, 저희 치료 목적으로만 한 게 아니고, 활동하신 분들과 [세월호를] 접하지 못한 분들 그런 분들한테 얘기하려고 다니는 거잖아요. 결국은 진상 규명이 목적이었던 건데, 그게 이렇게 구술집으로라도 기록으로 남겨서 나중에 봤으면 좋겠다는 그런 마음으로 하게 됐어요.

면담자   네. 감사합니다.

순범 엄마   (동수 엄마 쪽으로 기대고 웃으며) 이거 다 좋은 말만 하는 거지? 2학년 6반 권순범 엄마 최지영입니다. 어… 마땅히 [앞에서] 다 해버려 가지고 다 속에 들어간 말이지만, 저는 연극을 두 번째 연극부터 시작을 했거든요. 그래서 아직까지 뭐… (잠시 침묵). [연극을] 왜 한 이유는 사실은 저희가 진상 규명도, 첫 번째가 진상 규명이지만 제가 이제 앞으로 시간이 흐를수록 알릴 수 있는 길이 사실은 없어요. 그래서 이 연극을 하면서 '아, 내가 진짜 연극을 참 잘했다. 이것도 안 했으면 내가 어떻게 알릴 수 있었을까' 하는 생각이 많이 들었어요. 그래서 '참 잘했구나'. 동수 엄마한테 고맙게 생각을 해요, 왜냐면 저에게 제안을 주어가지고. "연극 하자"고 그래서 너무 고마웠고요. 지금도 사실 특별하게 잘하는 건 없지만 그래도 우리 엄마들과 이렇게 함께할 수 있어서 너무 좋습니다. 그리고 앞으로도 더 계속적으로 할 수 있는 데까지 제가 이제 끊임없이 할 거고요. 어… 정말 그 영만이 엄마랑 애진이 엄마랑 정예진 엄마랑 얘기했듯이(웃음).

애진 엄마   장애진, 정예진 꼭 성을 붙여야 돼(웃음).

순범 엄마   이름이 비슷해 가지고 헷갈려 죽겠다니까. 감독님도 애기했듯이, 하나하나 기록이 남아서 먼 훗날에 저희 아이들이나 또 저희가 늙어서 이 기록들을 봤을 때 뿌듯한 마음이 생기지 않을까, 이 기록을 남김으로써. 어… 그런 것 같아요(웃음).

김태현   아니, 왜 수줍어하세요? 편안하게 하세요(일동 웃음).

예진 엄마   (순범 엄마를 바라보며) 기록으로 남긴다니까 그렇지.

순범 엄마   어어, 이게 정리가 안 돼요(웃음).

예진 엄마   (애진 엄마를 보며) 편안하게 해요.

면담자   순범 어머님 말씀 잘하시는 거 저도 알고 있는데요. 말씀하시다 보면 점점 풀리실 거예요.

순범 엄마   (웃음) 좀 진정하고, 아이고.

면담자   그럼 마지막으로 동수 어머님 부탁드리겠습니다.

동수 엄마   안녕하세요. 2학년 7반 정동수 엄마 김도현입니다. 구술 참여하는 동기는 태현 쌤이랑 만나서 여기까지 오기가 햇수로는 5년이 된 것 같아요, 저 같은 경우는. 근데 인제 5년 동안 제 머릿속에도 잊어버린 게 너무 많아요. 제가 그러니까 아이 잃고 14년도부터 기억에 남는 게… 없어요. 그러니까 제 기억은 잊어버리고 없어지지만 기록은 남으니까 꼭 필요한 작업이라고 생각해서 참여하게 됐어요.

면담자   이 기록이 어떻게 사용되었으면 좋으시겠어요?

동수 엄마   제가 그러니까 연극을 하면서 진짜 엄마 같았던 기분을 느낀 적이 많아요. 저 같은 경우는 집에만 있다가 연극을 하게 되면서 나오게 된 케이스인데, 어른이 돼가고 있더라고요, 연극을 하면서. 내 아이도 보이고, 아빠도 보이고, 또 내 이웃 주민도 보이구. 그런 사소한 것, 소소한 것도 기록에 남겨서 다른 분들도 느꼈으면 좋겠어요, 그 마음을.

3
가족극단의 현재 활동

면담자　　네, 말씀 감사합니다. 이제 다음 질문으로 넘어가겠습니다. 먼저 4·16가족극단에 대해서 간단한 소개를 좀 부탁드리려고 해요. 여섯 분 중에서 한 분이 대표로 말씀해 주시고 그다음에 말씀하시다가 빠진 부분이 있으면 다른 분들이 보완해 주시면 좋을 것 같은데요. 우선 단체 명칭이 정확하게 어떻게 되는 건가요?

김태현　　'4·16가족극단 '노란리본''입니다. 말하자면 우리 극단은, 4·16 가족들이 멤버가 되는 극단인 거예요. 예를 들면 '4·16합창단' 같은 경우는 가족분들도 계시고 이제 주변에 함께하시는 마음 모아주시는 분들도 계시는데, 저희 '노란리본'은 가족들[만]으로, 말하자면 배우들이 그렇게 구성되는 극단으로 하려고 이름을 그렇게 지었죠.

면담자　　제가 찾아보니 정식 극단으로 발족한 것이 2016년 3월이라고 하더라고요. 이게 어떤 의미죠? 그러니까 본격 출범했다는 게 어딘가에 단체로 등록이 되었다는 말씀이신 건가요?

김태현　　그런 건 아니구요. 뭐 이제 첫 시기에 함께했던 사람이 동수 엄마하구 저하고다 보니까 제가 좀 설명을 하게 될 것 같은데요. 처음에 우리가 만난 건 2015년도 가을이었어요. 그때, 10월이었나요?

동수 엄마　　10월 22일인가?

김태현　　(동수 엄마를 가리키며 웃음) 네, 10월 달이었는데, 그때만 하더라도 그냥 모여서 일주일에 한 번씩 모여서 연극 놀이도 조금씩 하고, 재밌는 희곡 읽기도 하고 이런 모임이었죠. 말하자면 연극교육을 받는… 어, 교육을 매개로 모인 이런 클래스 같은 거였는데, 2016년도 3월에 여기 계신 영만 어머님, 애진 어머님, 예진 어머님이 탁 함께 또 들어오셔요. 이분들이 들어오시면서, 그 전에는 이제 극단으로 뭔가 공연을 제작하고 공연을 다닐 생각을 할 수 없는 우리가 조금 그런 상황이었는데, 이렇게 세 분이 들어오면서 '공연을 한번 제작해 볼까?'라는 생각을, 가능성이 좀 보였고, 그러면서 어머님들과 함께 "우리 그냥 정식 극단으로 딱 정해가지고, 우리끼리 정해가지고 공연을 제작합시다" 이렇게 된 거죠. 그래서 2016년도 3월쯤에 4·16가족극단 '노란리본'의 창단식이 이루어졌다고 보고 있는 거예요, 저희는.

영만 엄마　　근데 그런… 거 다 기억해? 난 모르겠는데, 기억이 안 나.

예진 엄마　　응, 기억나는데, 그러면서 감독님이 가고, 그다음 준가 그날인가 암튼 그런 말씀을 하신 거야, 쇼케이스를 뭐 해가지고, '에이 설마' 속으로는. (영만 엄마 : 응, 응) '설마' 이랬단 말이야. 그랬는데 막 추진을 하시는 거야, 쇼케이스까지.

영만 엄마　　이게, 왜 이게 발족하고 창단한다는 게 기억이 안 나지? 그때 우리가 안 나갔나?

동수 엄마   이름 정하면서, 하면서 했었어.

김태현   그때 우리가 뭐 특별히 발족식이라고 하지는 않았어요.

예진 엄마   근데 이름은….

영만 엄마   이름 지은 건 기억이 나네.

동수 엄마   응, 이름 지으면서 그걸로 간 거지.

면담자   최초로 모이신 건 2015년 10월이고, (김태현 : 네) 그다음에 정식으로 발족했다고 할 수 있는 시기는 2016년 3월이라고 보면 되겠네요. 그다음 시기부터의 활동 등등은 제가 좀 이따가 찬찬히 더 여쭤볼게요. 그러면 지금 현재 연극단에는 총 몇 분이 참여하고 계신가요?

김태현   지금 어머님들이 2019년도 3월 현재는, 지금 어머님들은 여섯 분이 계신 거고. 근데 우리가 지금 공연을 세 번째 작품을 제작하는 중인데, 두 번째 작품인 〈이웃에 살고 이웃에 죽고〉도 공연을 병행하거든요. 〈이웃에 살고 이웃에 죽고〉는 원래 여덟 분의 어머님이 참여를 하셨던 공연이에요. 근데 이제 그 두 가지 공연을 병행하다 보니 〈이웃에 살고 이웃에 죽고〉를 공연할 때는 두 분의 어머님이 또 함께 오셔서 또 공연을 하시거든요. 그런 형편은 있죠.

면담자   그럼 여기 계신 어머님들 다섯 분 말고 나머지 세 분은 누구신가요?

영만 엄마   아니 두 명.

순범 엄마	7반 수인 엄마.
김태현	아니, 여기 다섯 분 말고.
영만 엄마	5반 오준영 엄마, 4반 김동혁 엄마.
동수 엄마	그리구 7반 수인 엄마까지. 수인 어머니는 지금 현재도 연극 같이 지금 하고 있구요.
김태현	하고 있구요, 2015년도 10월에 함께하셨고. 수인 엄마는 첫 시기에도 같이하셨죠.
면담자	네, 그럼 요 여덟 분이 가족극단의 구성원이라고 하면 되겠네요.
동수 엄마	그렇죠.
김태현	네, 네.
면담자	그러면은 혹시 감독님같이 (동수 엄마 : 스탭[스태프]?) 네, 감독님처럼 스태프로 참여하시는 다른 분들이 더 계신가요?
구술자 일동	네.
면담자	어떤 분이 계시죠?
영만 엄마	감독님이 얘기해 주셔야 되겠네.
김태현	김영은이라는 조연출이 있고요, 작가로 활동하고 있는 변효진.
영만 엄마	(웃으며) '작간지'.

김태현   [별명이] '작가 간지', 작간지 변효진 님이 있고(웃음), 그 다음에 조명으로 붙여준 류성국 스탭이 있구요. 그다음에 음향이나 무대나 암튼….

동수 엄마   (볼을 짚으며) 분장?

김태현   분장도 해주고 있는 김지우라는 스탭이 있습니다. 주로 이 네 분의 스탭이 저와 함께 이제 어머님들 도와드리고 있고, 필요에 따라서 또 다른 분들이 오기도 하고 그런 거고. 그다음에 '온마음센터' 가 4·16가족극단 '노란리본'의 활동을 적극적으로 지원해 주고 계신데, 거기서 우리 담당하는 조수연 선생님이라고. 거의 스탭처럼 활동하고 계십니다(웃음).

면담자   네, 알겠습니다.

영만 엄마   (가방을 정리하다가 예진 엄마가 눈치를 주자 멋쩍게 웃으며) 자연스럽게 한다 했잖아.

동수 엄마   영상은 쓰는 거 아니야, 괜찮아.

김태현   어, 괜찮아요.

면담자   아, 네. 저희 영상은 공개하는 거 아니고요.

동수 엄마   기록에 남는 거.

면담자   이번에 준비하고 계신 세 번째 공연 제목이 〈장기자랑〉이더라고요. 이거에 대해서 간략하게 소개를 좀 해주실 수 있을까요? 지금 어느 정도 연습 중이시죠? 안 그래도 연습하시느라 한창 바쁘신데 저희가 모시게 되었네요.

애진, 예진 엄마   (동시에) 맞아요. (일동 웃음)

예진 엄마   (애진 엄마가 예진 엄마를 장난스럽게 툭 침) 지금 1분 1초가 너무너무 막 저희가 아쉬운 지금 그런 시기예요.

애진 엄마   아니 원래 오늘도 연습해야 되는데(웃음).

예진 엄마   그러니까 값진 거예요(웃음).

김태현   고맙고.

동수 엄마   저는 꿈에도 나와요. (고개를 뒤로 젖히며) 꿈에서도 대사 외우고 있어요, 지금.

영만 엄마   와, 대단한 배우서.

동수 엄마   아니, 아니야.

예진 엄마   아니, 잠들더래도 이게 머릿속에 혹시 들어갈까 싶어 갖고, (이어폰 끼는 시늉을 하며) 이어폰을 끼고라도 막.

애진 엄마   난 노래, 노래를 이어폰 끼고 자. 그러면 혹시 생각에 (머리를 치며) 내 여기에 입력될까 봐.

김태현   효과 있음, 효과 있음.

예진 엄마   효과 있죠? 있을 것 같아.

애진 엄마   아니 내가 오늘 아침 머리를 감다가 그니까, (노래로) "돌아서면…" 그게 갑자기 생각나는 거야.

김태현 　　다 그렇습니다. (애진 엄마 : 응응) 그런 측면, 그런 차원에서 예진 어머님이 〈장기자랑〉 공연 소개 좀 해주세요.

예진 엄마 　　자, 우리는 고등학교 학생들, 고등학교 아이들 고 시기의 고 아이들을 배경으로 하는 거예요. 근데 인제 그 반에 아영이라고 친구들하고 같이 어울리지 못하는, 집안 형편이 불우해서 자격지심 그런 게 있으니까 같이 어울리지 못하는 아영이라는 학생이 있는데, 그 반에 조가현이라는 반장이 있어요. 근데 그 반장은 아영이하고 다르게 너무 활달하고 적극적이고 꿈도 아이돌이고. 근데 그 친구 주변에는 정말 사차원인 아이도 있고. 우리 250명 모든 아이들이 다 그 [등장인물] 다섯 명에 포함된 거예요. 저는 그렇게 생각을 하거든요. 근데 그 아영이라는 아이를 조가현이나 다른 친구들이 이제 같이 어울리게끔 해서 수학여행 가서 장기 자랑을 하자고 하는 거예요. 어느 무리에도 끼여 있지 못하던 아영이라는 아이가 이 네 명 친구들과 같이 어울리면서 다섯 명이 된 거죠. 이제 소속감을 느끼게 되면서 장기 자랑을 열심히 준비를 하고, 그럼에도 불구하고 수학여행을 못 가게 된 형편에 있는데, 어… 너무 가슴 아프면서도 애들한테 말은 못 하고 이게 춤 연습하는데 표가 나는 거예요. 그래서 이제 나중에 이걸 알게 돼서 아이들이 "어떻게든 하자" 그래서 한 아이가 너무 패셔니스타가 있는데, 걔도 솔직히 잘나가는 잘사는 집 아이는 아니었던 거예요. 근데 그 아이 성격이 너무 활달한 성격이다 보니까 공장에 아르바이트를 가서 이제 패셔니스타처럼, 부자인 것처럼, 이게 남들이 봤을 때는. 그래서 합류하게 되면서 수학여행까지 같이 가게 되는, 예.

애진 엄마 　　음. 공장에 가서 알바를 하고, 애들이 도와주는 그런….

예진 엄마   같이할려고 하는 그런.

면담자   첫 공연이 언제인가요?

예진 엄마   어, 4월… 5일, 6일.

면담자   다다음주군요?

김태현   다다음주라고 얘기해 주십쇼.

예진 엄마   시간이, 시간이 디데이가 다가와요, 지금.

면담자   코앞까지 다가와서 아까 1분 1초가 아깝다고 말씀하신 게 맞네요.

영만 엄마   이게 지금 그 내용도 내용이지만 엄마들이 힘든 건 아이들의 교복을 입어야 되는 게, 그 교복을 입으면서 지난번에 우리가… (김태현 : 촬영) 응, 프로필사진 찍을 때 우리가 되게 좀 힘들고 집에서부터도 힘들어하고 왔다고 그랬는데. 그런 게 되게 힘든 생각이 들구요. 인제 그런데 뭐 내용도 대략 들어서 아실 수도 있겠지만 엄마들이 거기에서 [실제] 나이는 오십인데 (웃음) 18살짜리 아이들을 흉내 내다 보니까, 막 아이돌 춤을 한 두세 곡 정도 춤을 춰요. 그래서 좀 전에 얘기한 것처럼 (머리를 감싸 쥐며) 대사, 대본 외우구 막 하고, 인제 이게 막 몸에 배야 되니까 집에서 막 설거지하다 말고도 (예진 엄마 : 어, 맞아요) 그냥 막 다리도 (앉은 채로 춤추는 시늉을 하며) 막 이렇게, 막 이렇게, 어깨도 막 이렇게 이렇게 해보고.

김태현   (동시에) 음, 맞습니다.

예진 엄마   (동시에) 저는, 저는 어제 누워 있다가 음악을 듣구 율동을 막 생각하다가 이제 교복을 진짜 입구 거울 앞에서 해봤단 말이에요, (팔 동작을 하며) 이게 편한가 불편한가. (고개를 갸우뚱하며) "어제는 잘됐는데?" (일동 웃음)

김태현   (박수를 치며 웃음) 다행이다.

영만 엄마   (박수를 치며 웃음) 아니 근데, 이게 걱정도 걱정이고 잘해야 되니까. 누워가지고도 다리를 이렇게 구부려가지고, 다리를 거꾸로 못 하니까 다리를 구부리고 발을 막 스텝을 이렇게 이렇게 하는 거야.

애진 엄마   그니까 이게 완전히 다들 지금.

예진 엄마   엄청 머릿속에 (애진 엄마 : 어) 연극 생각밖에 없어요, 진짜.

영만 엄마   얼마 안 남아가지고.

애진 엄마   그니까 저는 〈이웃에 살고 이웃에 죽고〉 교복 입을 때는, 동수[엄마가 살을 빼서 이쁘게 입고 싶어 했잖아요. 지금 이거 정예진 엄마는 진짜, 진짜 우리가 감동할 정도로 피나는 노력을 했어요.

예진 엄마   (머리를 감싸 쥐며) 피나는 노력을 해요.

애진 엄마   진짜루, 진짜 많이 뺀 거예요. 너무 많이 뺀 거야.

동수 엄마   이쁘게 입고 싶다는 게, 다른 게 아니에요. 우리 아이들처럼, (애진 엄마 : 그러니까) 내가 그때 모습을 그걸 보여주고 싶은 거야. 그러니까 내 아이의 이쁜 모습을 보여주고 싶어서 살 빼는 거지, (김태현 : 그치, 그치) 제가 이쁘려고 막 그런 건 사실 아니죠, 응.

애진 엄마   근데 내가 느꼈던 게 인제 유신이한테, 인제 정예진 엄마지, 이름하고 성을 해야 돼(웃음). 정예진 엄마한테도 느꼈던 게, 정예진은, 유신이는 이 '노란리본' 극단이 예진이라고 생각하는 것 같은 생각이 되게 많이 들었어요. 그러면서 얘가 17킬로[그램]를 지금 뺀 거잖아요. 그면 보통 사람이 생각할 수 없는 거예요, 그 정도루.

동수 엄마   그거 비밀이다, 언니. (일동 웃음) 17킬로나….

김태현   자, 이건 비공개 하는 걸로(웃음).

예진 엄마   괜찮아, 괜찮아.

애진 엄마   아니, 인제 얘기하잖아요, 그 정도 뺐다는 거를 볼 때, 야…. (동수 엄마 : 쉽지 않아) 난 그 생각을 했어. '얘는 4·16가족극단 '노란리본'이, 얘는 이 자체가 정예진이구나'라는 생각을. 그리고 모든 엄마들이 다 그럴 거라는 생각이 들어요. 교복을 입는 자체가 쉽진 않을 거라는 생각이 들어요. 그러니까 저도 막 걱정이 되는 거야. 이 연극을 계속 진행되면서, '어, 이게 나아질까, 아니면 트라우마가 생길까' 걱정을 되게 많이 했어요. 저 또한도 그 교복을 볼 때마다 좀… (떨리는 목소리로) 그러거든요. 그래서 좀… (예진 엄마 쪽으로 손짓하며) 많이 걱정이 되긴 하면서도, 기대도 돼요.

예진 엄마   기대도 돼요?

애진 엄마   예, 예. (미소 지으며 고개를 끄덕임) 걱정하면서 기대되는.

면담자   지난번 두 번째 작품 때는 동수 어머님하고 애진 어머니께서 교복을 입으셨죠?

애진 엄마   네, 저도 입었어요.

면담자   그때는 두 분만 교복을 입고 계셨는데, (애진 엄마 : 예, 예) 요번에는 모두 다 입으시는 거네요.

영만 엄마   이젠 우리가 다 교복을 입어야 돼가지구.

애진 엄마   다 입어요. 근데 처음에 딱 집에 와서는, 솔직히 교복을 (영만 엄마를 가리키며) 저기 영만 어머니 말씀하신 것처럼 너무 가슴 아파서 입어보질 잘 못 하겠더라고요. (입는 시늉) 그냥 맞는지만 입어봤어요. 그 뒤로 인제 (거는 시늉) 걸어놨었는데, 우리 프로필사진 찍고, 사진 찍으러 갔을 때는… 다 같이 있으니까 웃고 있더라고요.

애진 엄마   맞아. 아, (예진 엄마를 가리키며) 얘가 괜찮다고 얘기했던 거 기억해.

예진 엄마   응, 응. 괜찮았었어. 굉장히, 굉장히 막 떨리고 긴장되고 막 아프기만 할 줄 알았는데, 그냥 애들로 돌아가고 싶은, 애들을 흉내 내고 싶은 그 마음이 있는 것 같아요. 그리고 연습을 하면서도 물론 너무 아프고. 애들이 못 했던 거니까, 제주도도 못 가는데, 엔딩이 인제 좋게 끝나긴 하는데, 우리 애들이 못 했던 걸 인제 엄마들이 대신 흉내 내는 거긴 한데, 그냥 일단 최대한 애들 마음으로…, 애들 그 설렜던 마음을 표현하고 싶어서, 그냥 슬픈 내색 안 할려고 저희들은 지금… 하고 있어요.

순범 엄마   나는 그, 그날 교복을 아침에 입었잖아, 아침 일찍이. (면담자 : 프로필 촬영한 날이요?) 어, 어. 교복을 입고 갔어요. 왜냐면 갈아입고 뭐 하기 귀찮아서 옷을 싸가지고 가갖고 입는데, 애들이 그때 막 학교 갈 준비하는 그때 모습으로 내가 돌아가 버리는 거예요.

김태현   그게 아침 시간이니까.

순범 엄마   어어. 이게, 보통 우린 이제 11시에….

김태현   어머님, 근데 교복 입고 운전하셨어요?

순범 엄마   예(일동 웃음).

김태현   경찰이 깜짝 놀랐겠는데? "아니 저, 씨 뭐야?" (웃음)

순범 엄마   아니 근데, 내가 기름을 느러[넣으러] 갔어. (일동 박수 치며 폭소) 기름을 교복을 입고 느러 갔어. 그래 갖고 나도 모르게 기름을 늘라고 (기름 넣는 시늉) 탁 하는데 아저씨가 나오는 거야.

김태현   그치, 교복 입고 이러고 있으니까.

순범 엄마   (자리에서 일어나 인사하는 시늉을 하며) "예, 아이구 죄송합니다. 저기 뭐 내가 좀 오늘 연극 공연이 있어 가지구" 이제 그렇게 얘기를 한 거야, (웃으며 주유하는 시늉) 그리고 주유를 하고.

예진 엄마   셀프잖아, 또.

순범 엄마   어(일동 웃음). 그리고 오는데….

김태현   재밌었겠다.

영만 엄마   혹시 아빠 차랑 엄마 차 훔쳐가지고 온 거 아냐? (웃음)

김태현   그러니까. (순범 엄마를 가리키며) 머리가 저래 노래 가지고(웃음).

순범 엄마   아니 정말 그때는 그 아이들의 그 학교 갈 준비하는, 그때 그 마음이 막 들면서 이게 막 가슴이 진짜 막… (한숨을 쉬며) 뭐 어떻게 표현을 못 하겠더라고. 그래서 옷 갈아입고 딱 아들을 쳐다보면서 이렇게 딱 서가지고, 아들이 딱 내 눈 앞에 있거든. 그 교복을 입고 있는 아들이 눈앞에 있어서 갑자기 괜히 이렇게 엄숙해지면서 '아들아, 엄마 괜찮니?' 이러고 물어봤어(웃음). 그런 마음이었어요, 그때 아이들 마음으로 돌아가는….

예진 엄마   그러니까 이게 〈장기자랑〉 연극을 연습하면서, 저희가 물론 굉장히 굉장히 긴장되고 떨고 하지만 약간 사실은 설레는 면도 없지 않아 있어요. '우리 아이들 모습을 인제 사람들한테 보여준다'는, 슬프겠지만 그 설렘도 있는데, 인제 '우리 애들은 수학여행 준비하면서 얼마나 설렜을까?' 막 이런 생각을 하면 가슴은 아프긴 한데, 근데 최대한 그 아이들[의] 설렜던 마음을 표현하고 싶어요, 응.

김태현   이제, 뭐 전 연출자로서 '이 작품으로 가보자'라고 생각했던 이유는, 이게 5년이란 시간이 굉장히 어떻게 보면 짧은 시간이고 금방 가는 시간인데, 어쨌건 그사이에 정권도 바뀌고 이렇게 하다 보니 '사람들이 좀 [반응]할 거 다했다'라는 느낌이 살짝 있고, 또 5주기가 굉장히 중요한 시기인데 그래서 '5'자가 들어가면 더 많이 관심 가질 거라고 생각했는데, 오히려 작년에 합동 영결식이 있어서 그랬는지 몰라도 오히려 올해에 좀 관심이 좀 얇아진 느낌도 들어서, '우리가 얼마나 아름다운 존재들을 잃었는가'를, 그렇다고 가슴 아프게 보게 만들 건 아니나, 한번 상기가 한번 필요하겠다 싶은 마음이 있었어요.

면담자   네, 소개 감사합니다. 4월 5일이 초연이죠?

김태현   네, 5일, 6일입니다.

동수 엄마   [안산문화]예술의전당에서 합니다(일동 웃음).

예진 엄마   '별무리극장'입니다(웃음).

순범 엄마   알고 계시겠지(웃음).

애진 엄마   7시 반이에요, 7시 반.

김태현   장난 아니다 이거(웃음).

순범 엄마   (웃으며) 아니 알고 계시겠지, 당연히.

영만 엄마   아니야, 모르고 계셨어.

예진 엄마   토요일은 3시, 7시예요.

애진 엄마   2회 공연입니다. 꽃은 맡겨놔야 돼요. 이거 갖고 들어올 수 없어(일동 웃음).

면담자   아, 그건 몰랐어요.

김태현   되게 중요한 정보.

순범 엄마   (웃으며) 첫 공연인데. 당연히 꽃이 와야 되겠죠?

면담자   그럼요, 네.

애진 엄마   들고는 못 들어가요, 맡겨놔야 돼.

순범 엄마   밖에서 기다려주세요, (꽃을 든 시늉을 하며) 이렇게 들고(일동 웃음).

영만 엄마   그런 건 가져오지 말라고 그러는데(웃음).

예진 엄마   (영만 엄마에게) 나는 갖고 오라고 그러는데?

순범 엄마   아니, 그냥 해보는 거야.

김태현   다 농담이죠.

4
4·16가족극단의 시작과 가족극단 참여 계기(1): 동수 엄마

면담자   단체 소개와 요즘 준비하고 계신 것에 대한 소개를 잘 들었고요. 이제 2015년 10월 시점으로 가서 처음에 가족극단이 어떻게 시작되었는지부터 여쭤볼게요. 제가 미리 알아보기로는 '마음 치료의 수단으로 연극을 한번 해보자' 이렇게 시작이 됐다고 들었어요. 그때 어떤 분이 처음 제안하셔서 어떤 분들이 처음에 참여하셨는지 등을 말씀해 주시면 좋을 것 같아요. 아마 동수 어머님께서 먼저 말씀해 주시면 좋을 것 같아요.

동수 엄마   예, 제가 기억나는 대로, 잘 기억 안 나지만. 여기 고잔역 뒤에 보면 '피움'이라는 카페가 있어요. 거기도 사회적기업 이런 형태의 커피숍인데, 거기 사장님이 노세극 대표님인데, 인제 그분이 거기서 인강[인터넷 강의] 하면서 커피를 배우는 20회 강좌가 있었어요. 그때 그거 멤버가 한 여덟 명 됐었는데, 그걸 하는데 거의 한 18회 정도? 19회 됐어요. [그런데] 엄마들이 그냥 놔두면, 끝나면 다 집으로 갈 것 같은 거야. 그래서 그때 노세극 대표님이 "다른 프로그램 하시라"고 막 소개시켜 준 게 많았어요. 그때 소개시켜 준 게 무슨 책을 읽는 건데, 그 언어치료라고 그러죠. 막 마음치료, 언어치료 하시는 분도 데꼬 왔었고요, 제가 도자기 하고 싶다고 그러니까 도자기 하는 저기 이재용 쌤 모시고 오고, 그리구 호연 언니가 연극 이런 얘기 하니까 그러면서 이제 태현 쌤이 오시게 된 거예요.

김태현   그렇게 된 거였구나.

동수 엄마   아니 노세극 선생님이 다 부른 거야. 이제 (일동 : 어어) 다 불렀었는데, 태현 쌤이 오셨는데 "엄마들이 연극하고 싶었대요" 이렇게 알고 오신 거예요(일동 웃음).

영만 엄마   그냥 한번 볼려구 오셨던 건데?

동수 엄마   아니, 아니. 우리는 그냥 지나가는 얘기루 "뭐 이런 것도 있고 이런 것도, 이런 것도 있고" 막 이랬던 건데, 다른 사람들은 "어, 연극을 어떻게 해?" 했는데 인제 태현 쌤이 오셨는데 너무 열성적인 거예요. 와가지고는 막 (손바닥 펴서 아래위로 흔들며) 손발 움직이기 이런 것도 시키고, (일동 크게 웃음) 뭐 이런 거, 핸드폰, 핸드폰을 표현하래요. 막 그러다 보니까, 너무 열성적인 그 모습에 너무 미안한 거야, 저희가. 그래서 거절을 못 하고 그다음 수업, 그다음 수업 (김태현 쪽으로 손짓하며) 오시게 된 거야, 인제.

김태현   (크게 웃음)

영만 엄마   봐봐, 그러니까 다른 거는 표현할 방법이 없잖아. 책 읽는 거는 와가지구 뭐 책을 읽어야 되느니 하는데, 여긴 (팔을 휘두르며) 몸으루 막 [하니까].

동수 엄마   근데 그러니까 그러면서 하게 된 게, 저랑 저희 반 엄마 몇 명 해가지구 도자기 공방도 같이 다녔어요. 하구 태현 쌤 오시는 또 그 시간대에 연극도 이제 하게 된 거예요. 그니까 연극이라 할 거 없고 그때는 책 읽는 동아리였죠.

김태현   희곡 읽는.

동수 엄마   네, 희곡 읽는 동아리였는데 도자기는 시간을 너무 많이 뺏기는 거야. 제가 수요일, 화요일 날 공방 수업이었는데, 화요일에 가면은 그다음 날 하루 그렇게 했다가 수, 목, 금, 토를 다 가야 돼요, 하루씩 하루씩 작업이 있으니까. 그러다 보니까 한 6개월, 8개월 정도 했던 것 같아요.

영만 엄마   오래 했네.

동수 엄마   네, 오래 했는데, 저희가 촛불[집회]이 많았잖아요, 그 당시에. 그니까 자꾸 이게 안 되는 거야, 인제 이게. 그리고 겨울이 돼요, 춥다고 그러니까, 도저히 힘들어졌어요(웃음). 그래서 그게 이제 거의 그만두면서 연극에 더 본격적으로 투자하는 시간이 됐던 것 같아요. 그때 했던 멤버가 저랑 수인 언니, 그리고 지금 그만두신 주현 어머니도 계시구요. 그 중간에 그만두신 호연 엄마도 계시고.

순범 엄마	그리고 시찬이 엄마도 있었어.
동수 엄마	시찬이 엄마도 잠깐 있다가 그만두시고.
예진 엄마	그 엄마는 이제 그 스탭으로 왔다가.

동수 엄마　에, 스탭으로 왔다가 이게 힘들 것 같아서 그만두시고, 그렇게 잠깐잠깐 오셨다 가신 분들 좀 있어요.

면담자　그러니까 처음에는 커피 동아리에서 시작을 했다가….

예진 엄마　아유, 커피 동아리 잘했네.

영만 엄마　응, 응.

면담자　도자기나 희곡 읽기 이런 모임으로 확장이 됐는데, 그 중에서 태현 쌤 덕분에 본격적으로 연극 모임으로 발전하게 되었네요.

동수 엄마　그렇죠. 그니까 그 중간중간에 다 도망가셨어요. 근데 저랑 수인 언니가 차마 미안해서 못 도망갔어. (영만 엄마 : 아, 아) 그래서 그게 중요해.

김태현　맞아, 진짜 중요해.

동수 엄마　"언니들 오면, 멤버 채워지면 언니, 우리는 가자" 하고 버텼던 건데, 그걸 못, 안 놔두시고 바로 쇼케이스 올려버리신 거야. 저희[가] 빠질, 도망갈 시기를 안 주고, 바로 배역 주면서 (서류 뭉치를 책상에 치며) 공연하자고 해버리니까 어떡해? 뭐 못 갔어요. 그래서 여[기]까지 오게 됐어(웃음).

영만 엄마　잘했네, 잘했어.

김태현 그니까 제 기억은 뭐냐면, 암튼 그 노세극 대표님이 전화를 해가지구 (전화받는 시늉하며) "어, 저기 세월호 엄마들이 연극을 하고 싶어 해" 이러는 거예요(일동 웃음). "어유, 정말요?"

애진 엄마 말이 많이 와전되어 갖구.

영만 엄마 너무 감사했겠네.

예진 엄마 좋은 와전이네, 이건.

김태현 너무 반가워 가지구, 어 막 달려갔는데, 전혀 그런 상황이 아닌 거죠(일동 웃음). 근데 어쨌건 처음 만난 자리에서 막 암튼 막 설득을 했어요. (손사래를 치며) "아니, 어려운 거 아니고, 그냥" [이러면서].

영만 엄마 그게 또 감독님의 저기 매력 아니겠어요? (웃음)

김태현 그러고 나서 그다음 주에 딱 갔는데 한 절반은 없어지셨더라고요(일동 웃음).

동수 엄마 그때 도망가신 분이 뭐 민수 엄마 있었고.

애진 엄마 민수 엄마도 있었어? 7반 사람들도 있었구나.

순범 엄마 예에, 커피 하던 사람들이.

동수 엄마 예, 커피 하던 분들이 다 사실 7반 분들이 많이 있었어요. 그리구 저기 4반에, 저기 (순범 엄마 : 호연이 엄마) 호연이 엄마하고 같이 오신 분도 있는데, 그 키 크고 마르신 분 있어요. (뜨개질하는 시늉하며) 뜨개질 잘하시는 분, 그분도 도망가시고 막 그랬었어요.

애진 엄마	어유, 어떻게 할까? 이 도망간 사람들(웃음).
김태현	아니, 연극이라는 것 자체에 대한….
동수 엄마	자체를 무서워했었던.
영만 엄마	그렇지. 쉽게 받아들일 수 있는 건 아니니까.
김태현	[어머님들이] 딱 들어보고 (손사래를 치며) "이건 내가 할 수 있는 게 아냐" 이런 거였죠.
영만 엄마	그럼.
예진 엄마	사람들 앞에서.
동수 엄마	마음 약한 저랑 수인 언니가 못 도망간 거야.
김태현	그런 거야(웃음).
순범 엄마	그래서 여기까지 온 거네?
김태현	(동수 엄마를 가리키며) 두 분이 버텨줬기 때문에 온 거야.
동수 엄마	근데, 중요한 거는.
예진 엄마	더 중요한 게 있어?
동수 엄마	예(일동 웃음). 저랑 수인 언니는 사실 끌려다녔구요. 진짜 열성을 다해서 온마음센터에서 자리에 앉혀준 거는 주현 엄마예요.
김태현	맞아요, 맞아요(웃음).
애진 엄마	주현 엄마가 큰 몫도 했는데.

41

영만 엄마	원래 주현이 엄만 그런 거 하는 걸 좋아하니까.
동수 엄마	사실은, 예. 그래 갖구 당신이, 당신이 중심이 돼서 끌어가면서 리드를 해가지구 하고 싶어 했던 거죠.
영만 엄마	어유, 주현이 엄마가 고마운 일을 했네.

〈비공개〉

예진 엄마	진짜 공연까지 올라가리라는 상상도 못 했어요.
동수 엄마	상상 못 했죠.
영만 엄마	근데 그러니까 그것두 혹시 감독님이 그것도 계획이 아니었을까 싶어. 그니까 늘 그냥 뭐 추진력도 있으시고 그냥 이런 거 하는 거에 별로 뭐 겁 없이 늘 그냥 하시니까 그랬는지, 그 공연을 엄청 빨리 이거를 하게 됐잖아, 쇼케이스 공연을.
동수 엄마	예, 예, 그거를 안 했으면 아마 저랑 수인 언니는 도망갔을 거예요.
영만 엄마	그 쇼케이스가 7월 25일인가? 올렸거든요.
동수 엄마	3월에 만나가지고.
애진 엄마	선부동 노인복지회관에서?
예진 엄마	단원구.
영만 엄마	단원구 노인복지회관.
애진 엄마	온마음[센터]하고 같이했죠?

영만 엄마 거기서 근데, 처음 했을 때 보러 오신 분들 몇 명 안 됐어요, 사실(웃음). 한 3, 40명?

애진 엄마 많이 왔어.

예진 엄마 아닌데? 근데 나는 그래도 나 아는 사람들 와선, 다 화분 들고 왔는데?

애진 엄마 (예진 엄마를 보며) 그래? 엄청 좋겠다.

영만 엄마 그때 그 공연이 첫 공연이었어요.

김태현 첫 공연이었죠.

예진 엄마 어찌나 긴장되던지.

동수 엄마 쇼케이스는 그래도 좀 많이 왔었고, 중앙동에서 우리가 했던 거는, 그때 사람이 없었죠.

예진 엄마 청소년수련관?

동수 엄마 아니, 아니, 저 야외, 야외.

영만 엄마 어, 청소년… 아, 아. 여기 25시광장.

애진 엄마 25시광장에서 '깔깔 음악 축제'.

동수 엄마 음악 축제 때는 사람이 없었지, 그때가 없었죠.

김태현 아아, 그때도 한 번 했구나.

예진 엄마 그거는 우리가 주가 아니야.

동수 엄마 그니까 그때가 인제 우리가 두 번째, 세 번째?

영만 엄마   그래두 거기두 사람들 꽤 공연 여러 개 올렸었잖아, (장구 치는 시늉하며) 농악 같은 것도 하구.

애진 엄마   우리 끝나구 다른 것들도 하고….

영만 엄마   그때 많지 않았, 그래도 꽤 많았었는데? 아주 적진 않았어.

김태현   네, 맞아요.

동수 엄마   아주 적진 않았지.

면담자   제가 잠깐 정리 좀 하겠습니다(일동 웃음). 일단 맨 처음에 어머님들께서 희곡 읽기 모임으로 시작을 한 거네요?

동수 엄마   그렇죠.

면담자   그때 김태현 감독님이 와서 희곡 읽기를 하자고 제안을 하신 거죠?

김태현   네, 원래 처음에 저는 연극을 하실 줄 알고 간 거죠. 처음에, 처음에 갔던 그 순간에 그날에는 공연에 대한 걸 다 들구 갔어요.

구술자 일동   아, 아.

영만 엄마   거봐, 그랬을 거야.

면담자   처음에 어떤 마음으로 오셨고, 어떤 준비를 하셨는지 좀 더 상세히 말씀을 부탁드릴게요.

김태현   그쵸. 어머님들이 연극을 하고, 원래 제가 그니까 전문 연극인이지만, 그 그냥 마을에 주민들이 연극하는 극단을 만드는 거를 막 좋아하면서 막 다녔어요. 그러다가 어쨌건 세월호 참사를 맞았고 언젠가 기회가 된다면 저 가족분들하고도 연극을 해보고 싶다는 생각은 있었으나, 나는 그게 한 5년 정도 지나야 가능할 일이라고 생각했어요. 왜냐하면 굉장히 아픔을 안고 계시기 때문에. 근데 2015년도 10월 달에 그 노세극 대표님이 (전화하는 시늉을 하며) "[엄마들이] 연극을 하고 싶어 해" 이래 가지고 너무 깜짝 놀래서(웃음).

영만 엄마   '아니 그렇게 빨리?' (웃음)

김태현   어어, "어? 이렇게 빨리? 오케이, 알겠어" [하고] 다 듣고 딱 갔는데, 전혀 그런 상황이 아니어 가지고 그 첫날엔 약간… 나도 당황해 가지고 말씀하셨듯이 (팔을 휘두르며) "움직여 봐라" 뭐 이렇게 하다가… '안 되겠다'. "그냥 앉아서 글자 읽는 것만 할게요" 그렇게 저 방향 선회를 그날 탁 한 거예요.

면담자   부모님들 어떤 상황이었길래 그렇게 방향 선회를 하게 되신 거예요?

김태현   "어… 연극을 하고 싶어 하신다면서요?" 했더니, [부모님들은] "네?" 이런 거였죠(일동 웃음). 그래서 "아… 아니구요, 뭐…" 이런 거였어요. 근데, 아, 제가 그 첫날 가장 몰두했던 것은 설득이었죠. "그래도 이 모임을 연극을 매개로 계속 가져가 봤으면 좋겠다"라고 설득을, (손을 흔들며) "재밌어요" 하면서 몸으로 막 회유도 막 시켜보고 하다가 '아, 이거 별로 좋아하지 않는구나' 막 하면서 (웃음) '어, 뭐라 하지?' 뭐 이렇게 하다가, 그러면 편안하게 앉아가지구, 우리 극단이 그동안 안산을 기반으로 만든 대본들이 많아요. 그니까 어머님도 안산 사람들이고 그래서 어머님들이 충분히 공감할 만한, 그 우리가 연극 대본을 무슨 〈로미오와 줄리엣〉을 한다든지 〈햄릿〉을 한다든지 이게 아니라, 안산에서 살아가는 서민들의 얘기를 연극으로 만들었던 것들이 많았기 때문에, 그리고 그것은 굉장한 코미디를 베이스로 만들어진 게 많아서 '편안하게 공감해 가면서 또 때로는 웃어가면서 읽을 수 있다'라는 좀 확신을 가지고 그 부분을 설득했어요.

그래서 그 "처음에는 대본 읽기로 시작합시다" 이래 가지고 그다음부터는 대본을 왕창 뽑아 가지고 읽기 시작하고, 그거를 몇 차례 읽는데, 그중에 어머님들이 유독 관심을 보였던 작품이 〈그와 그녀의 옷장〉이었던 거예요. "이 작품이 제일 재밌다. 이 작품이 제일 웃기다"였던 거였죠. 그래서 그때 마침 그 작품이 70분짜린데, 1장, 2장, 3장이 옴니버스인 거예요, 그래서 2장만 뽑아서 공연을 해도 공연이 가능한. 2장이 15분짜리거든요. 15분, 18분? 그래서 "요거, 요것만 하자고 꼬시면 되지 않을까?" (웃음)

예진 엄마   그거 말고 여러 가지 하지 않았어요?

동수 엄마   그때 읽었던 작품이 〈그와 그녀의 옷장〉도 있었구요, 그리고 〈이웃에 살고 이웃에 죽고〉도 있었어요.

김태현   (고개를 끄덕이며) 맞아.

영만 엄마   아, 그때도 있었어?

동수 엄마   있었죠. 그니까 내가 읽었다 그랬잖아. 그것도 있었구, 갯벌 그 시화방조제 얘기. (김태현: 〈갯벌엄마 담담이〉) 〈갯벌엄마 담담이〉도 읽었구요. 그니까, 읽었는데 다 내용들이 아파요. 아픈데, 사실은 처음에는 그 내용을 봐도 이게 어떤 내용인지 파악 못 했었어요, 진짜 글씨만, 검정 것만 읽었기 때문에. 근데도 〈옷장〉[〈그와 그녀의 옷장〉] 읽을 때는 그래도 조금씩 웃기도 하고 하드라고. 그니까 내용 자체가 좀 코미디 보니까 막 (주먹을 쥐고) 싸우는 것도 있고 막 이러다 보니까. 그래서 아마 태현 쌤도 그때 아마 그랬던 것 같아요. '그래도 엄마들이 웃을 수 있는 작품 하는 게 맞는 것 같다' 해서 아마 〈옷장〉을 선택한 걸로 저는 알고 있어요.

면담자   쇼케이스를 처음으로 했던 날짜가 2016년 7월 며칠이라고 하셨죠?

영만 엄마   26일인가 20 며칠인데….

예진 엄마   23일.

영만 엄마   23일인가?

면담자   그게 처음 단원구 노인복지회관에서 했다고 하신 거죠?

영만 엄마   노인복지회관.

김태현   맞습니다, 네.

동수 엄마   예, 선부동에 있는 거.

김태현   (휴대폰을 보며) [첫 쇼케이스가] 7월 16일[이]었네요.

면담자   네. 그러면 2016년 3월에 정식 극단으로 발족해 보자고 얘기했을 때는 누구누구 계셨어요?

영만 엄마   여기 (펜으로 한 명씩 가리키며) 동수 엄마, 수인 엄마, 예진이 엄마, 애진이 엄마, 저, (순범 엄마 : 동혁이 엄마) 주현이 엄마, 동혁이 엄마.

면담자   주현 어머니는 8반 안주현 어머니죠? 맨 첫 번째 공연에도 같이하지 않으셨나요?

동수, 영만 엄마   네, 했어요.

김태현   맞아요. 주현 어머니 같이하셨어요.

동수 엄마   〈옷장〉 때는 쭉 같이했어요.

김태현   두 번째 공연 준비하면서 이제….

동수 엄마   빠지셨어요.

면담자   네, 알겠습니다.

예진 엄마   저 거기서 1인 6역이었어요(일동 웃음).

애진 엄마   (예진 엄마를 바라보며) 진짜 6역이었다고?

예진 엄마   그래, 대박.

동수 엄마   제가 쇼케이스 때는 아줌마였고, 정식 공연할 때는 아들이었고.

김태현   맞아요, 맞아요.

예진 엄마   아, 쇼케이스 때 (두 손을 쥐었다 폈다 하는 동작을 하며) 아줌마?

김태현   아줌마였어.

예진 엄마	아, 맞다, 맞다. 맞다, 맞다. 그렇다.
면담자	그러면은 처음 희곡 읽기 모임은 어디서 하셨나요?
김태현	네, 커피공방 '피움'에서.
동수 엄마	예. '피움'에서 하다가, 주현 엄마 덕분에 [온마음]센터로 가게 된 거예요.
김태현	온마음센터로 옮기고 얼마 안 있어서 이제 (영만, 애진 엄마 쪽으로 손짓하며) 어머님들이 또 들어오신 거죠.
동수 엄마	다른 분들이 한 분씩 한 분씩 들어오시구.
면담자	그럼 여기 있는 분들 중에서는 제일 처음 희곡 읽을 때부터 하신 건 동수 어머님이네요?
동수 엄마	그렇죠.
예진 엄마	고참이에요.
김태현	좀 이따 오시는 수인 엄마도요.
예진 엄마	우리의 고참이에요(웃음).
면담자	그러면 처음 과정을 조금 더 여쭤봐야 될 것 같아요. 그때 연극을 하시겠다는 생각도 없었고, 갑자기 얼떨결에 희곡을 읽고 연극을 하시게 됐는데요. 대본을 읽으면서 어떤 느낌이 드시던가요?
동수 엄마	저 같은 경우는, 아마 그때도 말씀드렸는데, 한글도 솔직히 안 들어왔었어요. 글씨도 읽을 수가 없었어요. 그러니까 제가 한글 글씨를 몰라서 못 읽는 게 아니라 안 들어와요, 이게… 멍해져요.

49

김태현   그니까 낱글자는 읽어지지만 내용 파악이 안 되는….

동수 엄마   아니, 내용 파악도 아니라….

순범 엄마   글씨 자체도 안 읽어지지….

동수 엄마   (고개를 숙여 앞에 놓인 서류를 보고) "이게 '체' 자였나 '근'
자였나?" 이런 상태였어, 사실은 그 당시가, 저한테, 저한테. 그니까
한글 읽는 자체가 안 읽어지는 거예요. 그런 상태에서 사실 대본을 받
고 이걸 보게 됐고, 그러다 한두 [회]차에 가다 보니까 이제 글씨는 읽
어지더라고요. 다른 분들은 모르겠어요. 저한테는 사실은, 제가 지금
표현하면은 '죽었었다' 생각을 하거든요. 저한테 14년, 15년도는 그냥
죽어 있었던… 아이 엄마도 아닌 그런 상태, 공황 상태였다고 저는 생
각하거든요. 근데 그게 인제 책을 읽으면서 제 마음이 올라온 거죠,
아픔도 올라오고, 아이 잃었던 것도 올라왔고. 음… 그런 식이었어요,
15년, 16년도에 책 읽을 때는.

면담자   또 처음 희곡 읽기를 시작하신 2015년 10월이면 기억
교실 존치 문제라든가 특조위 시행령이나 해산 문제 등 때문에 피케
팅이나 서명받으러 다니시느라 정신없는 시기셨을 텐데요.

동수 엄마   네. 저 같은 경우는 엄마들이 다 피케팅 다니고 서명 다
닐 때 저는 집에 있었어요. 집에서 죙일 TV만 보고 있었으니까, TV
보면서… 그니까… 그런 상태였어요. 저거[TV] 보면서 (손가락질 하며)
'쟤 보복으로 내가 죽어줄까?' 그런 상태였거든요, 음… 저는 공황 상
태, 아예.

면담자　　그러시던 게 이제 희곡을 좀 읽고 하시면서….

동수 엄마　　조금씩 엄마가 되어갔죠, 인제. 아이가 보였고. 그러면서 아이 얘기도 하게 됐고, 보게 됐고, 활동을 하게 된 거죠. 저는 사실 연극 땜에 활동을 하기 시작한 거거든요.

면담자　　그러셨군요. 같은 시기에 동수 아버님은 가협[가족협의회]에서 인양분과장으로 한창 바쁘게 활동하셨잖아요.

동수 엄마　　그쵸. 동수 아빠는 14년도 4월 16일부터 어떻게 보면은… 그때부터 애 아빠는 인양분과장이었구요, 그 전에는 진상분과장이었, 아니 뭐야, 진도분과장 뭐 이렇고. 그니까 애 아빠는 처음부터 굉장히 활동을 활발하게 하고 있었어요. 아이… (가슴에 손을 올리며) 죄책감… 그… 네, 있었구. 그러다 보니까 저는 더 집에 있을 생각했고, 내 둘째 아이 딸내미를 지켜야 [한다고] 생각 했고…. 근데 사실 지키지도 못했어요, 그 당시에도. 딸한테 못된 짓 많이 하고, 그러다 보니까 저는 죽어가고 있더라고. 아무것도 못 하고, 집에만 있다 보니까….

5
가족극단 참여 계기(2): 영만, 애진 엄마

면담자　　연극이 아이를 다시 바라볼 수 있는 계기가 되었군요. 그리고 16년 3월에 극단으로 시작되었는데요. 이제 어머님들께서 한 분 두 분 이렇게 모이셨을 거 아니에요? (동수 엄마 : 그쵸) 그래서 여기 계신 어머님들께서 누구 소개로, 어떤 계기로, 왜 해보자고 생각하셨는지 돌아가면서 말씀해 주시면 좋을 것 같아요. 먼저 시기상으로 보면 아마 동수 어머님 다음에 영만 어머님이니까 영만 어머님부터 부탁드릴게요.

영만 엄마   저는 그 당시에는 합창단에 먼저 있었어 가지구, 저는 합창단 활동하고 있었는데, 동혁이 엄마가 같이 합창단 활동하고 있었는데, 동혁이 엄마가 연극 한다고 "같이하자"고 그래 가지고. 처음엔 뭐 연극 한다고 그래도 연극이 얘기한 것처럼 무대에 누가 뭐 '배우로서 무대에 선다'는 생각을 하고 해요? 그냥 그때는 어떤 활동이든 엄마들이 많이, 이런 데 공방이나 이런 데에 이렇게, 정말 집에 있는 엄마들 나오게 하려고 많이 이렇게 권하고 애를 많이 쓰고 있는 상황이었기 때문에, 그렇게 해서 그냥 가게 됐고⋯. 이제 가서 이렇게 대본 읽고 하면서 그냥 그 시간만큼은 그래도 정말 재미있고 웃을 수 있는 시간이었기 때문에 그래서 계속 이렇게 하게 된 것 같아요, 지금까지. 그게 2016년 3월? 3월이나 4월?

예진 엄마   그치, 3, 4월에, 그랬을 거야.

영만 엄마   3, 4월로 기억하는데, 정확하게 기억은 못 하겠지만 한 3, 4월 정도였던 것 같아요. 그래서 시작하게 됐어요.

면담자   애진 어머님은 어떠셨나요? 아무래도 생존 학생 어머니다 보니까 조금 다르셨을 수도 있을 것 같아요.

애진 엄마   네, 저 같은 경우는⋯ 그니까 그 뭘⋯ 어머님들한테, 부모님들하고 함께할 수, 함께하고 싶은 마음은 되게 많았어요. 그런데 선뜻 다가서기가 쉽지 않았거든요. '뭘 해줬으면 좋겠… 좋을까' 생각을 많이 했는데, 맨 처음에 교육청 피케팅이 있었거든요. 교육청 피케팅을 수요일 날 [하는데], 그때 예진이 엄마를, (예진 엄마를 가리키며) 정예진 엄마를 처음 본 것 같애요.

예진 엄마   응, 월요일이었을 거야.

애진 엄마   응, 응, 그리구 니가 스타렉스 또 몰았지?

예진 엄마   카니발.

애진 엄마   카니발, 어(웃음). 그때 피케팅을 합류해서 하고 있었고, 또 그다음에 인제 그게 아… 월요일인가 피케팅이 좀 없어졌지? 없어지면서 인제 동수 엄마가 어… 접때 인제 동수 아빠가 말씀하셨대요. 인제 내가 뭘 하고 싶은데 쉽게 할 수 없어서…, 동원 씨[애진 아빠]가 인제 그런 마음을 동수 아빠한테 표현하셨던 것 같아요. 그래서 동수 아빠가 동수 엄마한테 말해서 동수 엄마가 저한테 왔거든요. 그러면서 광화문 수요일 피케팅을 한 2년, 1년 했나? (동수 엄마 : 네) 1년 가까이 항상 같이 갔던 것 같아요. 갔다가 이제 그러면서 아침에 버스를, 아니 분과 차를 타고 가면서 그러면서 광화문에 거의 하루 종일 같이 있으면서… 엄마들과 같이 얘기를 주고받으면서, 엄마들이 했던 그 말 하나하나를 다 메모해 놨거든요. 이 엄마가 (떨리는 목소리로) 오늘은 어떤 감정이고… (얼굴을 두 손으로 감싸며) 아… 또 울 것 같애…. (천장을 바라봄)

동수 엄마   맨날 뭐 쓰더라고. (손바닥에 쓰는 시늉하며) 보니까 내 얘기도 많드라구(웃음).

예진 엄마 　그럼 저긴 줄 알았지, 혹시, 정보과(웃음).

동수 엄마 　아니 아니, 알고 있었어(웃음).

예진 엄마 　항상 의심만 많을 때니까.

애진 엄마 　아니 근데, 같이 가면서 인제 엄마들이 하나하나 얘기를 하는 거예요. "오늘은 뭐 해서 어떻고" 이렇게 아이에 대한 얘기를 할 때… 어, 근데 갈 때마다 감정이입이 막 되는 거예요. 너무 아픈 거예요. (울먹이며) 이 엄마들이, 솔직히 내가 멀리서 지켜봤을 때는 이 엄마들 마음을 잘 모르는 거예요, 그냥. '아프구나, 아프구나'라고만 생각했는데, 같이 가다 보니까 그게… 엄마들의 아픔을, 슬픔을 막… 아이에 대한 생각이 (가슴을 손바닥으로 두드리며) 나한테 몸으로 하나하나 뼈 속까지 들어오는 거예요. 힘들기도 했지만은, '이렇게 같이해야 될 것 같다. 내 아이는 살았는데 거기에 안주하면 안 된다' 생각에 같이해야 될 것 같다는 생각이 들더라고요. 그러면서 동수 엄마가 맨 처음에 나한테 "연극이 있는데 스탭으로 와서 하면 어떠냐" 그러더라고. 어, 난 너무 감사했어요. 내가 엄마들이 연극할 때 뭐 하나 챙겨주고 할 수 있다면 이거 너무 나한테는 고맙고 감사했어요. 그런 말을 나한테 선뜻 해준다니 감사했어요. 그래서 들어와서 스탭으로 했는데, 갑자기 저한테 깡패 역할을 잠깐 하래요(일동 웃음).

김태현 　(크게 웃으며) 깡패 역할을.

애진 엄마 　깡패도, 그냥 [대사가] "야, 야 야" 하고 여기서 뭐 잠깐 그 몇 초 나오는 걸 하래요, 근데….

김태현   그치, 그치. "다 엎어버려".

애진 엄마   "다 엎어". 근데 내가 그때 너무 좋았어요, '아, 이걸 내가 엄마들하고 같이할 수 있는구나…'. 그랬더니 좀 이따가는 막, 어우… 막 배우 같은 역도 줬어요(일동 폭소).

김태현   배우 같은 역(웃음).

애진 엄마   어, 그렇게 해서 동수 엄마에 의해서 이 극단에 들어오게 됐던 것 같아요. 너무 고맙고 감사해요. 이게 쉽지 않은 손을 저한테 내밀어 줘서 너무 고마운 것 같애요(웃음).

면담자   그럼 애진 어머님께서 처음 활동을 시작하신 게 광화문 피케팅이면 2015년쯤이셨네요?

애진 엄마   수요 피케팅이랑 할 때 언제였지? 그때 우리 아이들 교실 빼기 전이었지?

예진 엄마   응, 응. 15년, 15년.

면담자   아마 5, 6월 이 정도인가요?

애진 엄마   예, 제가 회사를 2014년 10월까지 회사를 다녔어요. 14년 10월까지 회사를 다니다가 그때 우리 휴직 낼 수 있는 게 있었잖아.

예진 엄마   모르지, 기억이 안 나.

애진 엄마   어, 고용보험센터에서 해갖고 휴직을 낼 수 있는 기간이 있었어요. 그래서 12월까지 내고, 그다음에 회사를 그만뒀던 것 같아요. 그러니까, 아유, 그러면서 집에 있으면서 뭘 하고 싶단 생각이 너무 이렇게 났는데…. 근데 회사를 그만둔 계기가… 뭐 이걸… 어머머, 또 울 것 같애(울먹이며 예진 엄마의 팔을 툭 침).

예진 엄마   울지 말라고(웃음).

애진 엄마   (천장을 보며 눈꺼풀을 만짐)

예진 엄마   (미소 지으며) 울지 마.

애진 엄마   (울먹이며) 어… 다 비슷할 것 같다는 생각이 들어요.

김태현   비슷할 것 같다고?

애진 엄마   비슷할 것 같았는데…, 그 안산 자체가 특성상 다 [직장이] 공단이잖아요. 그니까 아침에 일찍 출근해서 늦게 퇴근하는 엄마, 아빠들이 되게 많았던 것 같아요. 저 또한 음…, 그렇잖아요. 애 학교 맨 처음 고등학교 들어갈 때 교복 입은 모습을 한 번도 못 봤던 것 같아요. 입고 학교로 가는 모습을 못 봤던 것 같아요.

김태현   아, 출근하느라고.

애진 엄마   6시 반에 출근하니까, 애들은 늦게 갔던 거고. 다 그랬을 거 같단 생각이 드니까. 그리고 퇴근하고 오면은 그때 당시에 애들이 야자[야간자율학습]가 없었어요. 그러니까 빨리 오기도 하고, 와서도 [옷] 갈아입고 학원 가는 애들도 많으니까 그 교복 입은 모습을 거의 잘 못 본 것 같아요. 그래서… (한숨을 쉬며) 어, 애진이가 그랬던 것 같아요, "엄마가 집에 잠깐 있으니까 너무 좋다"고, "전화를 아무 때나 할 수 있어서 너무 좋다"고. 보통 엄마들이 다 [배가 기울어진] 그때 아이들 전화를 다 받아야 되는데 일하느라고 전화 못 받은 분들이 너무 많았던 것 같아요. 근데 그니까 그 말을 할 때… (한숨을 쉬며) '아, 어떻게 할까?' 하다가 그때 회사를 그만둔 것 같아요. 그래서 걔가 전화하면 (전화받는 시늉을 하며) 계속 받았던 것 같아요. 그런 생각이 들어요.

김태현　　　그래서 이제 세월호 활동들도 다양하게 계속하고.

애진 엄마　　음, 그러면서 어머님들이, 인제 동수 엄마가 손을 내밀어 주시면서, 같이…. 내가 뭔가를 하고 싶은데 스스로는 못 가겠더라고, 어떻게 해야 될지 모르겠더라고. 고마웠어.

김태현　　　(동수 엄마를 가리키며) 듣고 보면 굉장히 숨은 배후 세력이었네.

애진 엄마　　(동수 엄마를 향해 손짓하며) 캐스팅, 캐스팅. 캐스팅을 당했던 것 같애.

김태현　　　(웃으며) 주현 엄마가 하는 과정에서두, 어, 지금 순범 엄마 같은 경우(웃음).

동수 엄마　　(애진 엄마와 자신을 향해 번갈아 손짓하며) 잠깐 이제 [얘기]하면은, 그때 제 입장은 동수 아빠가 얘기하더라구요. 그니까 "애진 엄마가 활동을 하고 싶고, 하곤 싶은데 막상 낄 수 있는 자리가 별로 없드라. 니가 좀 챙겨라"고 하드라고요. 내가 "당신 마누라나 챙기세요" 이렇게 얘기를 했거든요(일동 웃음). 근데 그 당시만 해도 저 같은 경우도 인제 활동을 활발하게 하는 시기도 아니구, 그나마 제가 할수 있는 게 뭘까 하다가 직장 다니면서 회사[에] 얘기 했었어. 저는 14년

12월까지 회사 다녔어요. 6월 달, 그니까 동수를 보내주고 보름 쉬었다가 바로 복귀하고 12월까지 다녔어. 그니까 사실 미쳐 있었죠. 그니까 회사에 갔는데, 들려오는 소리는 그거드라구요. "저년 언제까지 저런대? 언제까지 잔업을 빼줘야 된대? 언제까지 토요일, 일요일 근무 빼줘야 된대?" 그게 들어오는 거야, 저한테, [동수 보내고] 4, 5개월밖에 안 됐는데.

애진 엄마　　　그게, 나도 들었던 것 같애. (동수 엄마 : 예, 예) 애진이가 그때 있으니까 내가 회사에 아예 얘기를 해서 "잔업을 좀 빼달라"고 그랬어요. 근데 나중에 팀장님이 부르시더라고요. 이게 내가 빠지면 일을 대체를 누군가가 해야 하기 때문에 거기에 대한 말이 많았고, 또 회사 자체에서 상조회가 있었는데 거기서 나한테 돈을 좀 준 적이 있었어요. 근데 그거에 대한 회사에서 말이 많았었어요. "왜 줘야 되냐" (울먹이며) "왜 살아 왔는데 줘야 되냐" 그런 게 많았던 것 같아요. 그래서 견디기 힘들었어요.

동수 엄마　　　그게 참 너무 견디기 힘들더라고요. 저 같은 경우는 사실 현장에서는 그 사장도 어떻게 보면 사장도 그냥 쉬고 싶을 때 쉬고, 일할 때 일하고, 잔업은 저 원할 때 하시라고 했거든요. 근데 실제로 제 바로 직속상관인 반장들은 그러는 거야. 저희는 교대지만 [작업량이] 개인 물량이에요. 그니까 개인 물량, 개인 물량 합쳐서 단체 물량이다 보니까, 물량에 쫓기다 보니까 그런 얘기가 나오는 거야. 그니까 참 비참하더라고요.

애진 엄마　　　같이 일하신 분들이, 우리 상사보다는 같이 옆에서 일

한 동료 때문에 많이 더 힘들어요.

동수 엄마   일하신 분들이[한테] 더 상처를 받았던, 네, 네.

애진 엄마   우리도 〈이웃에 살고 이웃에 죽고〉에 '동료'라는 대사가 있잖아요. 동수 엄마가 들어와서 하는데, 보통 엄마들이 많이 그랬을 거예요. 그래서 회사를 많이 그만둔 상황이었을 거예요. 왜냐면 위에서는 정부에서 내려온 게 있기 때문에 그냥 받아들일 수밖에 없는데, 옆의 동료들이, 그니까 아픔을 이해하면서도 사람이 실질적으론 이 사람이 빠지면 내가 그만큼 일을 해야 된다는 거 너무 힘든 거예요. 그래서 이게 쪼여오는 게 되게 많았던 것 같아요. 그래서 많이 그만두게 된 것 같아요.

영만 엄마   다른 사람한테 인제 피해 주는….

애진 엄마   피해를 주니까. 근데 돌이켜 생각해 보면 만약에 반대로 생각하면 그럴 수…, 이 사람을 이해해 줘야 되는데 사람은 그렇지 않더라고요. 내가 당해보지 않으면 정말 이해를 못 하니까.

동수 엄마   그러니까 그게 내 일이 되면 불편한 거야. 그니까 그 사람들은 그게 내 일이잖아 지금. 나 땜에 우리가 하루에 물량이 (책상에 손가락으로 표시하며) [합쳐서] 이만큼을 해야 되는데, 내가 이만큼을 했는데, 자기가 [나머지] 이만큼을 다 해야 되는 거야. 그니까 불편해지는 거야. 그러다 보니까 자꾸 표현되구. 나중엔 또 내가 더 견디기 힘들었던 게 우리가 한 10명, 15명[이] 같이 밥을 먹어요, 식당에서, 조별로 가서 먹으니까. 제 앞에는 한 명밖에 없어요. 14명이 다 밥을 편하게 먹고 싶으니까, 날 보면 힘들잖아. 내가 또 힘들어하잖아. 그니까 밥 먹을 때 저쪽 가서 먹드라고. 다 같이 안 먹을라 그래.

영만 엄마   그니까 또 본의 아니게 이제 왕따처럼 그냥 참 진짜….

동수 엄마   그니까 본의 아니게, 예.

예진 엄마   "딱, 딱 이사님 집이야. 딱 이사님 집이야".

김태현   [이 대사] 요게 우리 공연에 장면으로 나왔어요, 〈이웃에 살고 이웃에 죽고〉에.

애진 엄마   아니면은 제일 늦게 가서 먹고, 제일 늦게 가서 먹고 이렇게 하는 거, 그렇게 되는 거.

동수 엄마   그렇게 되더라고. 그러니까, 밥 먹을 때만이라도 편하게 먹고, 쉬는 시간 편하게 쉬고 싶고, 그니까 내 옆에는 사람이 없었어요.

예진 엄마   근데 그게 지금도, (동수 엄마 : 지금도 그럴 거야 아마) 지금도 회사도 그렇겠지만은 지금 나 같은 경우는 원래 4·16 이전부터도 굉장히 쾌활했던, 농담 엄청 잘하고 텔레비전 나오면 흉내 내고 막 이렇게 했던 사람인데, 그 전에 알던 사람들을 가끔 만나면 나도 모르게 이런 분위기… "이런 분위기가 싫어" 이런 소리 할까 봐 더 일부러 막 농담도 하고 나는 그러거든. 난 좀 그런 스타일이야. 집에 가서 울지언정 사람들 앞에서는 더 쾌활한 척하고 이러거든. 그러다 보니까 집에 오면 되게 힘든 거예요. (애진 엄마 : 그렇지) 그리고 그 사람들이 "어우, 쟤는 미쳤나 봐. 새끼 잃고 저러네" (영만 엄마 : 그러니까) 이럴 수도 있으니까 못 하는 거. 근데 그게 두 가지 다 그래. 우울해하면 이런다고 뭐라 그러지? (순범 엄마 : 맞아요) 응. 그런 분위기를 만들기 싫어서 쾌활하면 쾌활하다고 욕하지, 그러니까 자꾸 (책상을 치며) 이렇게, 이렇게…. (김태현 : 그쵸, 안 가게 되고) 안 가게 되고.

영만 엄마   그니간 그게 사람이 이런 불편한 관계 때문에도 그렇지만 저 같은 경우는 그냥 모르는 사람이지만 그냥 사람을 이렇게 대면하는 것 자체가 싫던데. 그러니까 이런 관계[가] 불편한 것도 당연히 불편하지만 사람을 이렇게 (얼굴 근처에서 손짓하며) 눈을 마주치고 얼굴을 마주친다는 게 너무 힘든 거예요. 저는 그래서 밖에 나가는 게 되게 너무 힘들었거든요.

예진 엄마   그리고 지금도 5주기가 이렇게 다가오잖아요. 근데 우리 가족들이 다 똑같이 아프단 말이야. 5주기가 다가오지 않아도 항상 (가슴에 손을 대며) 여기는 아파요. 정말 아픈데, 이분들도 다 아픈데 "아파, 아파, 아파" 하고 싶지가 않은 거예요, 나만 아픈 게 아니니까. 그래서 더 농담도 하고 더 그럴 때가 전 많거든요.

애진 엄마   그런 모습을 볼 때 그게 보면은 순간순간 이렇게 있는 모습을 보잖아요. 그러면 더 마음이 아파요, 이 사람이 아픈데 숨기고 있는 모습이. 어떤 사람은 (손을 흔들며) 막 "아퍼, 아퍼" [하기도 하지만] 사람마다 다 표현이 다르잖아요.

예진 엄마   응, 표현이 다르니까.

애진 엄마   막 "아퍼, 아퍼" 하는 사람이 있는가 하면은 아프지만 숨기고 뒤돌아서면 울고 있는 사람들이 가끔 저는 보이더라고요. 제 입장에선 보여요, 그게요. (옷깃을 여미며 한숨) 막 우시면 그게 또 나한테 오더라고요.

예진 엄마   집에서도, 집에서도 저는 그래서 오히려 더 아들 앞에서는 더 장난치고 아들 친구들 오면 더 장난치고 신랑 앞에서도 더 장난치고 저는 그런 케이스예요. 근데 저라고 애가 안 보고 싶고 가슴이 안 아프겠어요? 그런 거 아니거든요. 근데 우울한 분위기 만들기 싫어 가지고.

애진 엄마   그렇지, 다 너무너무 힘드니까.

예진 엄마   네, 저까지 그러면 안 될 것 같아서.

김태현   그래 놓고 와서 밤에 (애진 엄마 : 울구) 그러는구나?

예진 엄마   예, 진짜 많이 생각나, 순간순간 막 미치는데….

애진 엄마   욱 하구 그러지.

예진 엄마   예.

김태현   그래서 어머님은 주로 밤에 페북[페이스북]을 해요(일동 웃음). 페북에다가 (휴대폰을 든 시늉을 하며 우스꽝스러운 목소리로) "보고 싶어…".

예진 엄마   근데, 요즘엔 그 페북도 안 해요. 잘 안 해.

동수 엄마   아무튼 그래서 그렇게 만났어요, 저희는. 남편들 때문에.

김태현   남편들(웃음).

애진 엄마   아유, 저는 뭐 활동이라는 것은 표현이 좀 그렇고, 뭔가를 같이하고 싶었어요. 그니까 나는 내 아이가 살아 왔다고 해서 안주

하는 게 아니라, 우리 같이하고 싶은 것. 그니까 '이렇게 하면 안 된다. 사람이면 이렇게 하면 안 된다' 생각을 했어요. '내 아이가 살아 왔다고 해서 안심하면 안 된다' 생각하고, 그런 의미에서 같이하고 싶단 생각을 너무 했었고.

예진 엄마　　그니까 나는 이 장애진 엄마가 참 대단하다고 생각하는 게, 만약에 입장 바꿔서 너무너무 감사한 분들이지만, 만약에 만약에 (한숨을 쉬며) 생각만 해도 벅차 죽겠다(웃음). 예진이가… 만약에 우리 예진이가 왔으면, 그 바다 (손사래 치며) 안 가구, [그랬으면] 다 끊구 그랬을지도 몰라요, 제 심정엔. 근데 (애진 엄마에게 손을 올리며) 언니 같은 경우 보면은 오히려 아이를 잃은 엄마들보다 더 두 분이, 애진 엄마, 아버님이 더 막 열심히 할 때가 굉장히 많거든요. 그렇다고 좋은 소리만 듣는 거 아니에요(웃음). 처음에 나왔을 때도, "뭐야, 저 엄마? 왜 이렇게 이쁘게 생겼어? 재수 없어"(일동 웃음).

애진 엄마　　(얼굴에 두 손을 받침)

동수 엄마　　(고개를 끄덕이며) 이쁜 것도 독이었어.

예진 엄마　　이쁜 것부터 싫은 거예요. 왜냐면 우리는 다 까맣게 타고 다니는데, (애진 엄마 : 정답) 피케팅하느라 까맣게 타고 다니는데 이 언니는 예쁜 거예요. 근데 원래 스타일이 그런데 이런지 모르고, 이쁜 것도 밉고(일동 웃음). (김태현 : 처음에는) 네, 말도 다소곳이 하는 것도 밉고, 그냥, 일단 그때는 생존자가 부러웠던 거예요.

동수 엄마　　부러웠지 다. 그건 당연한 거지.

예진 엄마   너무너무 부러웠던 거예요. 근데 이제 어느 정도 지나다 보니까, 너무 진심을 알고 이러니까 이제 진심을, 진심이 보였던 거죠. 그니까 지금 생각하면 너무 대단하고 고맙고….

동수 엄마   그니까 광화문 다니면서, 언니랑 같이 다니면서 얘기를 많이 하게 되잖아요. 그러면서, 그러니까 내가 갖고 있던 생존 학생에 대한 그거를, 사실 편견이라면 그렇고, 갖고 있었죠. 그니까 사실 문을 닫고 있었죠, 저희가.

예진 엄마   닫았지.

동수 엄마   아예 닫고 있었어, 사실은.

김태현   생각하면 아프니까 일단 (팔을 얼굴 앞에서 내리며) 차단이었죠.

동수 엄마   예, 예. 그때 당시만 해도 너무 부러우니까 닫고 있었고, [생존 학생] 걔들 보면 또 힘드니까. 근데, 언니를 보면서… 사실은 애진이를 보게 된 거예요, 저는. 언니를 보면서 애진이가 보였고 ○○이보다는 애진이가 더 내한테는 손[팔]이 더 안으로 더 굽고 그렇게 되더라고요. 사실은 감사해요. 저희가 사람이 살아가면서 (순범 엄마에게 손을 얹으며) 언니만 만날 수 없잖아. 그니까 (애진 엄마 쪽으로 손을 뻗으며) 언니도 만나야 되는 거고, 그니까 (영만 엄마 쪽으로 손을 뻗으며) 언니도 만나야 되고. 그니까 어떻게 보면 제일 가까운 관계이면서 제일 아픈 관계이면서 또, 또 먼 관계잖아요, 어떻게 보면은. 그니까 되게 그 사람 간의, 사람 간에 가까워지기는 진짜 힘들었어요.

애진 엄마	(양손 검지손가락을 마주하며) 마주 보고 서는 [것] 같이….
동수 엄마	예, 힘들었는데.

예진 엄마   그냥 그냥 활동하시는 그런 분들, 단원고 생존자 부모님 아니고 활동하시는 분들은 오히려 더 잘 만날 수 있었어요. (김태현 : 그게 있죠) 그랬는데 인제 같이 갔다가 우리 아이들은 못 왔는데, 이 아이는 돌아왔는데, 그 부모님들은 못 만나겠는 거예요. 무슨 박탈감 같은 거. '왜 똑같이 갔는데 우리 애들은 못 왔어?' 이런 거 있잖아요. 그러니까 그래서 음… 아예 벽을 많이 쌓았던 거죠.

동수 엄마   쌓았던 거지. 사실 잘못은 없어요. 오히려 칭찬받아야 되죠. (예진 엄마 : 그럼, 그럼, 당연히) 어찌 보면은 감사하고, 장한 거야. 애들[이] 장한 거예요, 살아 왔으면. 근데 엄마들이 못나서 인제 닫았던 건데 그 편견을 사실 깨줬죠, 언니가, 그러면서 관계도 더 돈독해졌고. 근데 인제 '이 관계가 정상적으로 가면은 다른 관계[도] 못 갈 게 없다' 생각도 들더라고요, 저는.

애진 엄마   근데 이뻐서 문제였다는 거지(웃음).

예진 엄마   그래(일동 웃음). 근데 아직도 아직도, 인제 아직도 아파서 못 나오는 분들 많이 있잖아요. (일동 : 맞아, 맞아) 그게 아직도 그 분들은 그런 마음이 있어요.

동수 엄마	있죠.
영만 엄마	모르니까.
예진 엄마	그런 마음들이 아직도 있어요.

애진 엄마   (귀 옆에서 손을 흔들며 작은 소리로) [저도] 듣는 얘기가 있으니까.

예진 엄마   그래서 저한테도 그런 소리를, "어떻게 같이 연극을 할 수가 있어? 맨날 슬퍼서, 눈물 나서, 그 애 생각하면 눈물 안 나와?" 이렇게 얘기를 해요. 근데 아니라고, 그분들 진심이 그게 아니라고, 벌써 5년이 다 돼가는데, 이렇게 진심으로 하는 사람도 또 없는데, 근데 그분들은 안 겪어봐서 모르는 거예요. 그냥 저희 첫 마음, 그 마음만 있는 거예요.

면담자   애진 아버님은 생존 학생 부모로서 초반부터 유가족 부모님들과 활발하게 활동을 같이해 오셨잖아요. 아버님도 방금 나온 그런 얘기들을 많이 들으셨을 것 같아요.

예진 엄마   (휴지 갑을 애진 엄마 쪽으로 옮겨 줌)

애진 엄마   또 울까 봐? (웃음) (휴지를 뽑아 눈물을 훔침) 아 근데, 그… 좀 집안에 갈등이 있긴 있었어요. 왜냐면 우리 신랑은 곰이, 별명이 곰이라고 그러거든요. 노래도 "곰, 곰, 곰, 곰터구나. 너무 똑똑한데, 근데 내 맘도 몰라주는…" 그런 노래가 있어요. 좀 쉽지 않았던 것 같아요. 이 사람이 인제 가협을… 회사를, 그때 당시 회사 노조위원장이었잖아요. 그만두면서 이제 같이하게 됐잖아요. 그때 당시는 생존 학생 대표였던 것 같아요. 하게 됐는데, 그러면서 인제 아예 가협으로 들어가고 회사를 그만둘 때 좀 가정에 약간 부딪힘이 있었어요. 솔직히 뭔가를 결정할 때는 우리 넷이서 투표 아닌 투표같이 결정을 하는 게 좀 우리 집의 내력이에요. 근데 이렇게 네 명이서 얘기했는데 인제 "결정에 맡기겠다" 이렇게 이렇게 하는데 "회사를 다니면서 이걸 할 수 없을 것 같아" [하더라고요]. 어, 그 사람은 당사자가 아닌, 피해자가 아니어도 이 사람은 이걸 했을 것 같은 사람이에요, 사람 자체가.

"그런데 어떻게 했으면 좋겠냐?"고 그러는데 거기에 반대하는 사람은 저였어요(웃음). 어쩌면 전 현실적이었을 수도 있던 것 같아요. 회사를 다니면서 먹고살아야 하기 때문에 "다니면서 이렇게 하면 어떠냐, 활동할 수 있으면 어떠냐?" 했는데, 큰애하고 애진이가 그 말을 하더라고요. "누군가가 해줬으면, 누군가가 해야 된다면 아빠가 해줬으면 좋겠다" 그 말을 애진이하고 ○○이가 해줬던 것 같아요. 그래서, 그게 잘못된 게 아니잖아요. 당연한 건데, "조금 돈이 부족하다면 우리가 좀 덜 쓰고 너희들이 알바하고, 뭐 하고, 뭐 하고 좀 절약하면 되지 않겠냐" 그렇게 해갖고 이 사람이 회사를 관두고 여기를 하게 된 것 같아요. 그러면서 내가 그 사람을 뒤에서 지켜봤잖아요. 많은 일들이 있었던 것 같아요. 근데 그 사람은 표현을 잘하지 않아요, 집에 와서. 왜냐면 그 사람이 표현하면 우리가 힘들까 봐, 또 그냥 '나만 힘들면 되지 왜 너까지 힘들어야 되나'. 근데 말하지 않아도 그게 느낌으로 와요. 그 사람 표정이나 어떤 거로 알거든요. 근데 어떻게 질문 먼저⋯ 까먹었다(일동 웃음).

면담자   아버님 얘기는 충분히 하신 것 같고요. 아버님보다도 어머님께서 직접 다른 어머님들과 같이 있으면서 질투나 시기 이런 얘기를 들었을 때 어떤 느낌이셨는지요?

애진 엄마   뭐 저한테 직접적으로 얘기하진 않으셨어요.

면담자   그래도 이렇게 들리지 않나요? 전혀 못 들으신 거예요?

동수 엄마   아니, 내가 내가 몇 번 듣고 몇 번 날랐는데? (애진 엄마 : (웃음)) 아니 안 그래도 언니하고 처음에 초창기에 저 한 번 부딪친 적 있어요.

애진 엄마   나 그래서 엄청 울었어(웃음).

예진 엄마   울었대요. 근데 그게 왜냐면 그 연극을, (애진 엄마를 보며) 그냥 다 허심탄회하게 [이야기하면], 그때 연극을 다니면서 우리가 이렇게 간담회식으로 관객과의 대화[를] 하면은, 우리는 꾹꾹 눌러 참고 있는데 혼자 울 때가 있단 말이에요. 솔직히 나 짜증 날 때가 너무 많았어요. '아프면 내가 더 아프지 니가 더 아퍼?' 이런 마음이 있었는데, 차마 그런 말은 못 하겠는 거예요, 이 언니가 여리고 아파하는 마음을 알기 때문에. 그런 말을 못 했었는데, 그건 이제 나중 일이고, (애진 엄마를 보며) 인터뷰기 때문에(웃음). 처음에 이제 가족들 우리 연극단들 인터뷰를 한다는데, (애진 엄마 : 그거?) 응. 그 기잔지 누군가 와서 막 투입을 하는데 막 "우리 애진이가 봤는데 뭐 이거 불편하대" 얘기를 하는 거예요. 그래서 내가 가만있어야 되는데, "불편하면, 우리보다 불편하고(웃음), 어? 못 온 애들보다 불편하냐"고 제가 날려버린 거예요.

애진 엄마   그때 나는, 내가 어쩌면 조금 더 성숙해야 될 면도 있었던 것 같아요. 인제, 감정이 근데, 그땐 내가 불편했기 때문에 '우리가 이 정도 불편했으면 [유가족] 부모님들은 더 불편할 거다'라는 생각을 내가 표를[표현을] 다르게 좀 했어야 되는데, 그 얘기를 전달하는 과정에 인제 언니가 좀 그랬던 것 같아요.

면담자   본마음은 그게 아니었는데….

애진 엄마   예, 본마음은 그러지 않았는데. 그래서 집에 가는 길에 걸어가면서 동네 카페에서 2시간을 혼자 앉아 있었어요.

예진 엄마   그래서 저는 오다가 그렇게 상처 된 줄은 모르고 오다가 차 안에서 딱 카톡[카카오톡]을 보냈어요, 이렇게 우는 줄 모르고(웃음). (문자 하는 시늉을 하며) "언니, 내 마음은 그게 아니었어" 그랬더니 나중에 나중에 가다가 울었다는 거예요(웃음).

애진 엄마   (문자 하는 시늉을 하며) "그래 나중에 뭐 술 마시자" 그랬는데 뭔가 혼자 돌이켜 보며 생각을 해봤어요. '어땠을까? 만약에 내가 정예진 엄마였으면, 만약에 그 말을 들었으면?' 수도 없이 생각해 봤어요. 그니까 내 결론은 '맞아. 내가 나만 생각했던 것 같다. 진짜 어쩌면은 내가 아무리 이분들한테 "어, 이해해, 이해해, 이해해" 그 말[을] 해도 그건 아니야. 할 수 없어, 그 자체가', 그러면서 좀 반성을 했죠.

예진 엄마   이뻐서, 이뻐서 그래.

애진 엄마   (두 손으로 얼굴을 받치며) 결정적으로 이뻐서 그래(웃음).

6
가족극단 참여 계기(3): 예진, 순범 엄마

면담자   네, 알겠습니다. 어머님들께서 가족극단에 참여하시게 된 계기를 묻다가 얘기가 좀 다른 곳으로 흘렀는데요, 다시 이어가겠습니다. 예진 어머님은 누구의 소개로 활동하시게 됐는지요?

예진 엄마   아, 저는 2015년부터 4·16합창단에서 같이하고 있었는데, 그 전에는 반별로 움직이는 게 많이 있었는데, 그때는 합창단을 하니까 같은 반 아니어도 같이 옆에서 노래를 하면서 대기하면서 얘기하는 기회가 굉장히 많았어요. 근데 그때 4반 동혁 어머님도 합창을 하고 있었는데, 온마음센터에서 뭐 희극이란 얘기도 안 했어요. "뭐 책 읽는 모임? 글 읽는 모임이 있다"고 "거기 가면 읽다 보면 웃기도 하고 힐링도 되고 그런다"고 해서, 저는 지금도 그렇지만 뭐 트라우마 치료, 힐링 그 단어가 저는 저한테는 너무너무 싫어요. 그래서 "무슨 내가 뭐 힐링 하겠다고 거기를 가겠냐"고 "안 간다"고 그랬더니, 그냥 "괜찮다. 그냥 가보기나 하자"고 그래서 갔던 거였어요. 그래서 갔는데, 인제 대본을, 무슨 대본을 읽었는지 기억이 안 나는데, 떨리더라고요, 그냥 앉아서 읽는, 돌아가면서 읽는데. 그래서 막 버벅거리고 막 그랬던 기억이 있어서…. 그날 감독님도 처음 뵙고 동수 어머님도 처음 보고 뭐 이렇게 해서 그때 처음 오게 되면서 쇼케이스 공연 얘기도 하게 된단 얘기도 듣고 그러면서 지금까지 왔던 것 같구요.

면담자   감사합니다. 순범 어머님은 첫 번째 공연에는 같이 못 하시고, 두 번째 공연부터 시작하셨잖아요? 그럼 어머님은 질문을 좀 바꿔서, 첫 번째 공연을 하는 거는 알고 계셨죠?

순범 엄마   아니 저는 인제 연극은 사실 생각을 못 했고, 연극 공연은 인제 가족협의회 회의실에서, [경기도]미술관 강당에서 (김태현 : 아, 맞다) 처음 봤어요.

영만 엄마   총회 때 우리 그 미술관에서.

순범 엄마   근데 인제 그때 당시에 뭐 다 모르구 잘 아는 건 아니지만 그래도 인제 활동하면서 인제 예진이 엄마랑 뭐 다들 알았지만, 그때 인제 우리 반에 배우가 있었잖아요. 근데 또 우리 6반이 또 단합은 기가 막히게 잘돼요.

영만 엄마   맞아(웃음).

순범 엄마   "모여" 하면 그냥 다 모이고 "꽃 사 와" 이러면 알아서 탁 사 오고 이런 좀 그런….

동수 엄마   맞아, 그날 부러웠다.

순범 엄마   그런 상황이어서 이제 갔어요. 근데 그 연극을 보면서 굉장히 인제 감동을 했고 많이 울었고. 음… 그냥 그저 우리 반이 있어서 간 건데….

영만 엄마   영만이 엄마라고 얘기해 줘(일동 웃음).

순범 엄마   어어. 영만이 엄마예요, 저희 6반에 배우가. 그래서 인제 가게 되면서 그걸 보면서 엄마들이 하는 것도 좀 대단했고, 정말 대단했고.

영만 엄마	너무 잘해서 그랬다 그랬지? (웃음)

순범 엄마　　정말 또 너무 잘해서 또 감동을 해가지고 많이 울었어요. 울고, 그런데 저 같은 경우는 사실 연극 자체를 상상을 못 했던 상황이었고. 그 연극을 보면서 '진짜 우리 엄마들이 대단하다. 정말 대단하다' 이거를 안고 저는 이제 활동에 임했었고…. 저는 하는 일이 또 많았었고, 어, 쫓아다니는 데가 좀 많이 있었어요. 제가 다른 거를 할 수 있는 상황은 좀 아니었어. 그러다가 인제 목포에 [세월호] 배가 인제 [인양되어] 올라왔잖아요? 올라오면서 목포에 거의 인제 가 있었고, 그 당시에 인제 어느 정도… 목포에서 쪼끔 시간이 흘렀어요, 그때. 저희가 또 맥주라도 한잔 안 먹으면 잠이 안 와(일동 웃음). 근데 어느 순간에 저한테 그 맥주를 한잔 마시면서 "언니, 내가 있잖아. 교복 입게 해줄까?" (예진 엄마 : (웃음))

면담자	동수 어머님이요?
김태현	네, "교복 입게 해줄까?"

순범 엄마　　"교복 입게 해줄까?" 그러면서 "언니, 대사도 별로 없어. '치'만 하면 돼, '치'만 하면 돼" 막 이래(일동 웃음). 근데 인제 그 상황은 내가 뭐 상상이나 했겠냐고, 연극을 하겠다니? 그냥 술자리니까 "그래, 그러면 좀 해볼 만하다 야" 그냥 이렇게 턱 던졌어. 근데 나한테 올 거라고는 상상을, 생각도 안 했던 거지, 사실. 그냥 '내가 하는 일이 많은데 내가 연극까지 하겠냐' 그러고 스타일로, 저기 생각 없이 그냥 그 자리가 흐른 거야. "언니, 그냥 '치'만 하면 돼", 그냥 뭐 몇 마디만 하면 된다는 거예요. "그런 대사가 있어. 내가 그거 줄게" 그러는

·72·

4·16가족극단 '노란리본'

거예요. "그래, 그럼 그냥 한번 해볼 만하지" 그냥 딱 이렇게 던진 거야. 그랬는데 인제 그냥 생각을 잊어버렸지, 그러고 나서.

김태현   아, 그래서 그러고 잊어버렸구나?

순범 엄마   술자리니까 잊어버렸지, 당연히.

김태현   생각도 안 하고 있었지.

순범 엄마   생각도 안 했지. 근데 어느 순간에 딱 전화가 온 거예요. "언니 와야지?"

영만 엄마   동수 엄마가 열일했네. 아이구.

애진 엄마   그니깐, 벌써 캐스팅, 올릴 때인데(웃음).

순범 엄마   (웃으며) 그래 갖곤 저기, 갔어요. 생각을 하구 갔겠냐?

영만 엄마   "치"만 하면 되니까(웃음).

순범 엄마   어, 어. '쬐끔만 하면 된다 하니까 한번 가보자' 그래서 인제 아무 생각 없이 간 거예요. 대본을 딱 주는데 대사가 왜 이렇게 많은 거야. '이거를 어떻게 해?' 깝깝하더라고 인제, 얼마 안 남았다고 그래 가지고. 그렇게 해서 사실은 이 공연을 시작했어요. 하면서 그거 어떻게 했겠어요? 그 대본은 외워야 하잖아요. 근데 또 같이 또 연극 팀들이 또 목포를 많이 내려갔어. 같이 막 그 야밤에 꽃을 꺾고 다니면서 이제 막 연습을 한 거예요(일동 웃음).

예진 엄마   (웃으며) 맞어, 맞어. 밤에, 야밤에.

동수 엄마   목포서 역사가 이뤄졌어요.

영만 엄마   지금같이 그러겠지, 지금. 새 대본 받을 때처럼.

예진 엄마   그래도 그때는 두 달 정도 여유가 있었다.

영만 엄마   그렇지.

김태현   응, 맞아.

순범 엄마   그런데 우리는 인제 [시간을] 좀 덜 들였잖아, 우리는. 한 달 정도밖에 안 됐었잖아.

김태현   맞아, 맞아. 주현 엄마랑 순범 엄마도 한 달이었어, 응.

동수 엄마   늦게 들어왔다니까.

순범 엄마   응. 주현이 엄마하고 나하고는 한 달 정도밖에.

면담자   한 달밖에 준비 시간이 없으셨어요?

순범 엄마   [한 달밖에] 안 되는데, 이게 대본도 처음이고. 7월 달, 6월 달인가?

예진 엄마   7월에 공연했는데 5월에 들어왔단 말이야.

순범 엄마   5월인가, 5월인가?

예진 엄마   두 달, 응.

순범 엄마   근데, 그리고 우리가 연습할 때 대본 볼 정신이 어딨어. 이게 보이냐고, 안 보이지. 하나도 볼 수가 없어. 나는 대본을 한 번도 본 적이 없어요. 진짜로 나는 본 적이 없어. 근데 계속, 근데 그러면서 첫 대사를… 뭐였지?

애진 엄마	그러니까, 처음에?
순범 엄마	아니 첫 대사, 첫 대사.
김태현	첫 대사?
애진 엄마	그때 언니 대사가 뭐였지?
김태현	"아이고 꽃이 많이 폈네" 이거 아닌가?
애진 엄마	아니, 아닌가 보다.
순범 엄마	"헛 둘, 헛 둘" (애진 엄마 : "헛 둘, 헛 둘") 그러면서…, 아니야. 첫 대사가 인제 그걸, 그 대목을 막 같이 다니면서 이제 웃으면서 한 거야 그냥.
면담자	그때 첫 장면은 화단 꾸미는 장면이었던 걸로 기억하는데요?
순범 엄마	맞아, 화단 꾸미는.
김태현	맨 처음에 체조하는 장면.
순범 엄마	응, 체조하는 장면, 그것만 한 거야.
애진 엄마	"그러니까. 그러게요, 그럼 좋죠", 내 대사밖에 기억 안 나(웃음).
순범 엄마	응, 응, 갑자기 생각이 안 나네. 그, 그 대사를 거기서 막 그냥 웃으면서, 그냥 막 그냥… (김태현 : 목포에서?) 응, 춤추면서 막 한 거야. 그때 이 대본이 진짜 안 들어오더라구. 한 글씨도 안 들어오더라구. 그런 찰나에 어느 정도 흘렀어, 시간이. 근데 깝깝해. 대사

는 되게 많은 거야. 나 수준에는 많은 거야, 엄청 많은 거야, 그게. 깝깝하구 있는데 예진이 엄마가 전화가 온 거야. (애진 엄마 : 정예진 엄마가) 정예진 엄마가 전화 온 거야. "언니, 이거 이렇게 녹음 했는데 보내줄까?" 이러고 오고, [그래서] "그래" [했지]. 근데 되게 반가운 거야, 누구한테 말도 못 하고.

면담자　　어머님 대사를 녹음해서 주셨다구요?

순범 엄마　　전체를.

김태현　　대본을 통으로 녹음해서 가지고.

순범 엄마　　통으로 녹음을 해가지고. 근데 일단 그때는 통으로 다 봐야 돼. 그래야 그 룰을 또 알거든. 그냥, 내가 목포를 갈 때 딱, [우리 집] 홍성에서 목포를 가면 딱 2시간 반, 아니 2시간, 3시간 정도 걸리거든요? 그면 딱 대본이 딱 한두 번은 들을 수 있어. 두 번을 들을 수가 있는 거야, 왔다 갔다. 그럼 올라올 때 두 번, 내려갈 때 두 번 이렇게 듣고, 안산 올 때는 한 번 듣는 거야, 한 번. 내려갈 때도 이거를 계속 들었던 거예요. 그래 가지고 올라가면서, 사실 실수도 했지. 얼마나 많이 했는데, 했지만 그것도 우리 [유]가족들이 공연을 보러 오면 더 긴장을 하거든.

예진 엄마　　맞어, 맞어.

순범 엄마　　그래 가지구 막 실수도 하고 [무대에서] 집도 못 찾아가고 뭐 이런 적도 있지만 그 계기로 또 여까지 또 왔고, 아무튼 계기가 그래요. 아무튼 이렇게 툭 던진 거에, 낚싯줄 하나 탁 던졌는데 내가 걸린 거예요(일동 웃음).

애진 엄마   그래, 나는 스탭 한다는데 툭 던졌는데 낚여 갖고 그냥.

순범 엄마   탁 던졌는데, 생각도 못 했던 게 낚싯줄에 그게 걸려 가지고 이렇게 따라온 거예요.

영만 엄마   잘했네.

예진 엄마   음, 잘한 거지.

순범 엄마   근데, 잘한 거예요. 왜냐면 제가 뭐 재주도 없고, 사실 뭐 나는 할 줄 아는 게 [미용사니까] 머리 깎고 저기 하는 거밖에 못 해요. 할 줄 아는 게 없어요. 근데 정말 잘 왔고, 내가 정말 이 와중에 5주기가 다 되도록 누구한테, 누구한테 알릴 수 있는 길이 얼마나 있겠어요, 우리가. 저기 어디 광화문 가보니까 정말 많은 사람들이 떨어져서 [이제는 참여하는 사람이] 별로 없드라고. 근데 우리는 이렇게라도 또 누군가에게 알리고, 누군가는 우리 공연을 보고 오게 되고, 이런 거를 할 수 있다는 게, 저는 아무튼 너무 고맙고, 우리 엄마들이 또 그 과정을 많이 도와줘서 또 잘 이끌어서 여까지 또 왔어요. 이제 저로[서]는 두 번째 공연을 또 인제 또 맡게 됐어요.

동수 엄마   제가 약속은 지켰어요. 교복 이번에 맞췄어요(웃음).

김태현   그러네, 교복 입게 됐네.

애진 엄마   어, 진짜, 교복 입는다.

순범 엄마   교복 입혀준다고 그랬거든.

동수 엄마   그러니까 그때 당시에, 그때 당시에 아마 목포서 시간을 보내는 시간이 많았어요. 그니까 어떻게 보니까 애진 언니랑 나랑 같이 가고, 뭐 순범 언니는 거의 거기 [목포에] 가 있어요.

김태현   가면 있어.

동수 엄마   순범 언니는 거의 일주일인가 가고, 저 같은 경우는 뭐 3박 4일, 2박 3일 이렇게 갔다 보니까, 애 때문에. 인제 또 막 그러다 보니까 자주 만나는 거야. 그리고 우리가 또 단체로 같이 간 적도 있었어요.

애진 엄마   영만 언니도 있지 않았어요?

예진 엄마   다 같이 있을 때는 없었어.

순범 엄마   아니야, 있었었어. 수인 언니까지 있었어.

동수 엄마   수인 언니까지 다섯 명이 있어 가지구, 다섯 명이 먼저 가갖구 자기 대사 같이 하면서 맞춰가면서.

예진 엄마   같이 막 거기서 대본 읽구 막 그랬었지.

동수 엄마   예, 대본 읽구 막 했던 에피소드도 많았고, 목포에서. 막 또 술도 마시면서, 같이.

애진 엄마   밤에 나가갖고 하고, (동수 엄마 : 어, 어) 순범 언니랑 나하고 (연극의 노래를 부르며) "야관문[비수리라고도 불리는 장미목 콩과의 약용식물]…".

동수 엄마   나가갖고(웃음).

순범 엄마   사진도 있어.

김태현   아, 목포에 야관문 꽃이 있습니까? (웃음)

애진 엄마   예, 있어요.

순범 엄마   사진도 있어. 그래 갖고 우리 둘이 야관문을 막 꺾어서, 그거 약 되는 거잖아, 엄청 좋은 거. 우리 막 꺾어가지고, 인제 그다음에 갖고 간다고 사실 꺾었어. 근데 하다 보니까 막 둘이 인제 막 뭐야 (웃음).

애진 엄마   (노래를 부르며) "야관문…".

순범 엄마   하면서 막 그런 적도 있었지, 진짜…. 목포에 있을 때 많은 일들이 있었지.

동수 엄마   그니까 웅기 언니가 피해 아닌 피해를 봤죠. (예진 엄마 : 그렇지) 우리 땜에 대본을 거의 다 외웠을 거예요(웃음).

순범 엄마   언니가 다 외웠어.

영만 엄마   웅기 언니도 연극 하자고 해.

동수 엄마   했어.

예진 엄마   안 했겠어? 나도 볼 때마다 얘기하구.

동수 엄마   근데 인제, 얘기 하는데, (예진 엄마 : 사정이 안 되니까) 딱 던졌을 때, 관심이 보이는 분이랑 안 보이는 분이 있는데, 그 보였던 분이 이제 순범 언니였고, 언니는 (애진 엄마 : 스탭으로) 인제 스탭 했는데, 옆에 있고 싶었던 거지. 사실은 그때 언니 부를 때도 언니들한테 먼저 물어봤었어요.

애진 엄마　　그랬구나.

동수 엄마　　예… 제가 한 번 실수를 했기 땜에, 같이해도 괜찮겠냐고, 혹시 또 아플까 봐. 저는 이미 치료가 좀 돼서 언니랑 볼 수 있지만 다른 분들은 또 힘들어할까 봐, 또 언니한테 상처 될까 봐. 사실 인제 다른 멤버들한테, 같이 있던 언니들한테 물어봤었어요. "같이하고 싶은데 괜찮겠냐?", "당연하지. 엄마들도 안 하시는 분들 있는데" 그래서 인제 언니한테 얘기했고, "우리 스탭이라도 좀 도와주세요" 했고. 근데 태현 쌤이 바로, (김태현 : 그렇죠) 그 깡패 역할을 줬고(웃음).

김태현　　바로 줘버렸죠.

애진 엄마　　그래도 얼마나 열심히 했다고.

예진 엄마　　엄청 열심히 했어.

순범 엄마　　근데 중요한 건 저는 있잖아요, 깡패 역할 두 번 했어요.

김태현　　맞어, 맞어(웃음).

순범 엄마　　"야, 다 엎어버려. 이런 씨발" 뭐 이러면서.

구술자 일동　　(크게 폭소)

순범 엄마　　두 번 했어요, 대구하고 목포하고.

김태현　　맞어, 맞어. 맞어, 맞어.

순범 엄마　　막판에 두 번 했어.

면담자　　　　감사합니다. 이제 잠시 쉬었다가 감독님한테 질문을 드리고, 첫 공연 얘기부터 다시 시작하도록 하겠습니다.

김태현　　　　알겠습니다.

(잠시 중지)

7
가족극단 참여 계기(4): 수인 엄마

면담자　　　　이어서 다시 시작하겠습니다. 중간에 수인 어머님께서 오셨는데요. 어머님도 소개와 구술에 참여하시게 된 동기에 대해서 말씀 부탁드리겠습니다.

수인 엄마　　　안녕하세요, 저는 7반 곽수인 엄마 김명임입니다. 참여하게 된 동기는 저희들이 투쟁의 한 방법으로 연극을 택한 이상 저희들이 어떻게 이거를… 싸워가고 있으며 어떻게 여기까지 걸어왔는지를 서로 얘기하고 싶어서, 이 자리에 모두 모여 있기 때문에 용기를 내서 참여하게 됐습니다.

면담자　　　　네, 고맙습니다. 저희가 오전에는 2016년 3월에 창립할 때 연극단에 어떻게 참여하시게 됐는지 누구 소개로, 또 어떤 계기로 참여하시게 됐는지에 대해서 어머님들 얘기는 들었고요. 그러면은 김태현 감독님 이야기도 부탁드리겠습니다.

김태현　　　　예, 예.

면담자   김태현 감독님께서는 원래 하시던 일이 무엇이셨는지요? 그리고 세월호 어머님들이 연극을 하시겠다고 하니까 "득달같이 달려오셨다"라고 하셨는데, 어떤 마음으로 그렇게 오시게 되었는지 말씀해 주시면 감사하겠습니다.

김태현   네, 저는 2005년도에 안산에다 극단을 만들어서, 극단 활동을 이제 하고 있었었고요. 2005년도부터 2012년도, 13년도까지는 전문 연극인으로서 내 작품, 내 연기에만 집중을 했었었는데, 2013년 도부터였을 거예요. 안산 시민들이 직접 연극하는 그런 것들을 많이 만들고 싶어서, 사동이라든지 고잔동이라든지 일동이라든지 이런 데에 마을마다 주민 극단 만들기를 이제 막 하고 있었어요. 그래서 실버 극단도 있고 어르신들 계시는, 청소년 극단도 있고 이런 식으로 만들기를 하고 있던 차에 세월호 참사를 맞았고, 어쨌건 이 세월호가 나고 나서는 당장 우리가 할 수 있는 게 매일 밤마다 촛불 드는 것밖에 없었어 가지고…. 근데 저는 그때 대학로에서 공연도 하고 있을 때였어요. 그래서 공연 있을 때는 공연을 하고, 공연 없을 때는 와서 촛불[집회]에서 (마이크 잡는 시늉을 하며) 사회도 보고 막 이러다가, 그러다가 '언젠가는 세월호 가족분들과도 연극을 할 수 있지 않을까?'라는 꿈은 인제 꾸었지만 당연히 한 4, 5년 지나야 가능할 일이라고 생각했어요. 그러다가 2015년도 10월 달에, 그렇습니다, 커피를 하시던 노세극 선생님의 전화를 받고, (오른손으로 전화받는 시늉을 하며) "어, 태현 씨. 아니 세월호 엄마들이 연극을 하고 싶어 하네?" (웃으며) 너무 반갑고 놀래서 막 커피공방 '피움'에 달려갔었는데, [어머님들이] 전혀 연극을 하고 싶어 하지 않았죠, 참(웃음). 아니 그래서, 그 자리에서 오자마자 설득하기 시작했어요, 오자마자. 오자마자 설득하면서 이렇게 이렇게 하면서.

면담자   뭐라고 설득하셨나요?

김태현   아, 정확한 워딩이 잘 기억이 안 나는데, 아마도 (손짓을 하며) "굉장히 쉽다. 연극이라는 두 글자만 들었을 때는 막 아무도 못 할 일, 우리가 감히 하지 못할 일로 여겨지겠지만 굉장히 쉬운 거고, 그리고 또 재밌다"라고 얘기하면서, 이런 얘기 드렸는지 안 드렸는지 모르겠는데, 아무튼 제 마음속에는 (엄마들 쪽으로 손짓하면서) "우리 세월호 가족분들이… 사고 이후에 웃을 일이 없는데, 이 연극 수업을 진행하면서 좀 한바탕 웃을 수 있는 순간도 마련해 드리고 싶고 그래서 함께하면 재밌을 거다"라고 막 계속했던 것 같아요. 근데 아무튼 아까 동수 어머님께서도 얘기하셨지만, 저의 [말의] 모든 내용은 전혀 효과가 없었고, 다만 나의 열성적인 태도, 요것 때문에 (엄마들 쪽을 향해 손을 뻗으며) '아, 저 선생님 불쌍해서라도 그냥 도망가면 안 되겠네'라는 생각을 좀 하셨던 것 같아요(일동 웃음). 네 고렇게 해서 좀 시작됐던 것 같습니다.

면담자   기사 등을 보니까 초기에 온마음센터랑 연계가 되면서 어머님들이 연극을 통한 치유라든가 하는 쪽으로 기사가 난 것도 좀 있었어요. 감독님께서 처음 결합하려고 하실 때도 연극을 통한 치유 같은 걸 생각하셨던 건가요?

김태현   그니까 사실 저는 제가 (스스로를 가리키며) 연극쟁이이지만, 어… 연극을, 연극이라는 것을 매개로 해서 이 대참사를 겪은 분들에게, 아이를 잃어버린 분들에게 어떤 치유라든지 이런 것이 나는 가능하다고 생각은 안 했어요. 이게 어떻게 이걸로 그 아픔을 치유하겠습니까. 그거는 불가능한 일인데, 불가능한 일인데, 두 가지는 가능하겠다 싶은 게 뭐냐면, 한 가지는 '우리가 하고자 하는 이야기가 있는데, 우리가 하고자 하는 이야기를 어떤 강연이나 혹은 연설이나 혹은 간담회가 아닌 연극이라는 예술 작품에 하고자 하는 바를 담으면 훨씬 쉽고 재밌고 그리고 훨씬 세월호에 일절 관심 없던 사람들도 관심을 좀 보일 수 있지 않을까' 하는 거 한 가지가 있었고, 또 한 가지는 앞서 얘기했던 그거였죠. 제 개인적인 표현으로는 '합법적으로 웃을 수 있는 마당'을 만들어드려야 된다(웃음).

왜 이렇게 표현 했냐면 세월호 가족들이야 웃을 일이 일단 없기도 없거니와 그렇다고 하더라도, 웃을… 수 있는 순간이 있잖아요. 웃을 수 있는 순간이 있는데 유가족이기 때문에 남들 눈치 보여서 못 웃는 부분들도 많이 있었을 거라고 봐서, 이 연극작업은 정말 우리 작년에 연습하면서 정말 (책상을 손바닥으로 연거푸 치는 시늉을 하며) 떼굴떼굴 굴르면서 연습했어요. 방바닥 때려가면서 이렇게 연극을 연습하는 과정은 우리가 웃음이라고 하는 것을 보란 듯이 맘껏 해도 괜찮은, 뭐 눈치 보지 않고 할 수 있는 그런 마당이라고 생각했어요. 그래서 우리의 얘기하고자 하는 바를 담을 수 있는 그릇으로서의 연극 작업, 그리고 그 과정에서 우리가 맘껏 한번 웃어볼 수 있는 기회 마련 정도로 생각했었죠.

면담자　　　어머님들께 여쭤볼게요. 연습 과정이 많이 웃기셨나요? 초반에는 좀 그러기 힘드셨을 것 같기도 해서요.

영만 엄마 　힘들었는데, 지금 얘기하신 것처럼 진짜 선생님 얘기하신 게 딱 맞아요. 이렇게 그니까 어떤 사람들의, 저는 사실 웃을 수 있는 일이 있는데도 불구하고 사람들의 시선을 의식하지 않을 수 없는 거예요. 뭐 그거는 초반에 엄마들이 다 똑같이 뭐, 밥 먹으면 (밥 먹는 시늉을 하며) "어머, 저 엄마 밥도 먹어?" 이러고 "세월호 유가족이 웃기도 해?" 막 그런 소리들도 엄청 상처가 많이 됐으니까. 근데 그 연습하면서 처음에 아무것도 모르지만 뭐 하라는 대로 흉내 내고 그러다 보면 (웃으며) 웃기기도 하고 그러니까 그런 장면이나 (손짓하며) 표정 같은 거 하면서 또 웃기기도 하고, 그러면서 되게 연습할 때는 웃음도 많이 있었죠, 처음에.

김태현 　이게, 장면 자체가 웃긴 것도 있지만 제일 엄마들이 가장 크게 웃는 부분은 누군가가 실수했을 때(일동 웃음). 연기하다가 엉뚱한 소리 했을 때 진짜 (팔을 머리 위로 크게 올리며) 빵 터지거든요. 고런 재미들이 있었어요.

동수 엄마 　아마 그랬을 거예요. 그 뭐야? 인터뷰에서 '치유' 얘기하는 그거는 아마 온마음센터가 끼면서 그 방향으로 좀 몰고 간 것도 사실 있었어요, 없지 않았어요.

영만 엄마 　치유를 위한, 치유를 위한 동아리로.

동수 엄마 　그니까 센터는 뭔가 성적이란 게 있어야 되니까 그렇게 몰고 갔던 건 사실이구. 우리가 연습하면서 웃고 울고 많이 했잖아요. 근데 그거 하면서 더 봤던 거는, (팔로 둥그렇게 울타리를 만들며) 우리 주변에 있던 분들도 우리랑 똑같이 치유라는 단어를 쓰고 있더라고요. 당신네들도 치유가 되고 있다고 하시더라고요. 그게 더 많았던 것 같애요.

김태현   음, 음. 이 연극을 통해서 위로받고.

동수 엄마   네, 그분들이 위로받고, 치료가 되고.

면담자   연극을 보시는 그 시민분들께서 치유가 되는?

동수 엄마   네. 오히려 우리보다 더.

김태현   음, 그죠, 그죠. 사실 우리가 〈그와 그녀의 옷장〉 첫 공연을 딱 할 때 우리의 포부가 이거였어요. 우리가 그때 〈그와 그녀의 옷장〉이라는 작품을 선택했던 것도 그니까 '세월호 가족이 첫 연극을 하는데 세월호 이야기가 아니네?' 이게 좀 이상할 수 있잖아요. 근데 우리는 그렇게 이 작품을 선택했던 것은 참사가 일어나고 나서 지난 2년 동안 우리에게 늘 찾아와 주고, 우리 손을 잡아주고 늘 같이 촛불 들어줬던 그 안산의 그 노동자들을 비롯한 우리 곁에 있는 사람들의 이야기를 오히려 우리가 해줌으로써 그들에게 위로가 되고, (팔을 뻗어 손을 잡는 시늉을 하며) '이번에는 우리가 그들 손을 한번 잡아주자'라는 이제 그런 걸로 한 바가 있었거든요. 근데 실제로….

동수 엄마   그게 컸죠, 예.

김태현   어, 실제로 그 관객분들 그거 보고 많이….

동수 엄마   많이 다시 재충전했다고.

김태현   많이, 예, 울기도 울고(웃음).

동수 엄마　　　예, 그렇다고 들었어요.

영만 엄마　　　우리한테 늘 와가지고 함께해 주고 하는 사람들한테 사실은 뭐 감사의 표현? 이라고 한다 그러면, 이런 연극, 우리가 공연을 통해서, 물론 내용이야 슬프고 아프고 하지만 또 그 안에 엄마들이 그렇게 무대에 서서 또 하는 거에 늘 박수 보내주시고 하시는 분들한테 그런 감사의 표현으로 그 무대에 서는 거, 그니까 그런 생각으로도 저는 무대에 설 때 그런 생각도 있어요. '내가 무대에 서고 이 연극을 하는 거는 그런 사람들한테 감사를 전할 수 있는 특별한, 뭐 그렇다고 개인적으로 만나서 밥 먹고 뭐 하고 이렇게 감사를 전하는 게 아니라 이런 작품을 통해서라도 그분들도 그 상처받았던 그런 마음들 잠시나마 [위로되기를]' 그런 거 의미가 되게 커요.

예진 엄마　　　저는 (영만 엄마 쪽을 가리키며) 이런 마음도 물론 없지는 않은데, 정말 제가 이기적인가 봐요. 저는 하면서 예진이를 제일 많이 생각했어요. 왜냐면, 그분들도 너무 감사하고 직접 보면서 인사할 수 있는 기회가 돼서 너무 고맙고 그분들이 저희한테 "우리 얘기를 해줘서 고맙다, 이렇게 힘 돼줘서" 이런 말들 하는 것도 너무 좋고 감사했지만, 저는 솔직히 제일 많이 예진이 입장에서 '얘가 이 무대에 서야 되는데 이걸 내가 하고 있네? 그럼 더 잘해야지. 예진이 흉내라도 낼려면, 그래도 예진이 엄마니까 잘한다는 소리를 듣고 싶다' 이러면서 아이 생각을 제일 많이 했던 것 같아, 솔직히 감사한 건 감사한 거고. 그런 생각으로 저는 지금까지 하고 있어요(웃음).

면담자　　　예진이 꿈이 무대에 서는 거였다고 했죠?

예진 엄마   무대에 서는 뮤지컬배우를 굉장히 하고 싶어 했거든요. 그냥 단순히 그냥 사춘기 소녀가 한 번쯤 꿈꾸는 그런 것 이상으로 그쪽을 향해서 애가 열심히 살았던 아이였거든요. 그래서 '만약에 애가 했으면 얼마나 잘했을까…', '내가 엄마가 하는 것 지금 보고 있으면 막 뭐라고 핀잔을 주고, "그거밖에 못 해?" 막 이런 말을 할까' 생각을 많이 해가면서 많이 상상을 해가면서 해요.

동수 엄마   그러지 않을 거야. "우리 엄마 대단해" 할 거야. (영만 엄마 : 그럼) 그니까 각자 하게 되는 동기도 다르겠고, 각자 이걸 왜 하는지 다 다르기 땜에 또 그거는 이기적인 건 아니라고 생각해요, 저는. 나는 동수 꿈 할라면은, 가서 로보트[로봇] 조작하고 있어야 돼(일동 웃음).

예진 엄마   (웃으며) 그래서 내가 생각한 게, 그래도 흉내 낼 수 있잖아요. 만약에 진짜 지가 뭐 의사가 되고 싶었다, 막연하겠지만, 그러면 흉내도 못 내잖아요. [제가] 어떻게 의사를 하겠어요.

김태현   그러네요, 의사는 하기가 쉽지 않네요(웃음).

예진 엄마   그러니까. 근데 엄마가 흉내라도 낼 수 있는, 그래서….

동수 엄마   요즘 많이 드는 생각이, 저희가 [이번에 연극을] 〈장기자랑〉을 하고 있잖아요. 근데 이 〈장기자랑〉이 수학여행 가기 전에 준비를 하고, 수학여행 가서 보여줄려고, 그니까 이것도 애들의 하나의 꿈이잖아요. '그 꿈을 내가 지금 이루고 있다' 생각이 들더라고요. 그니까 '그 작은 부분이지만 내가 내 아이의 꿈을 내[가] 대신할 수 있구나', 그니까 이 작품이 나한테도 그렇게 다가온 거야, 지금. 그니까 잘

하고 싶고, (예진 엄마 : 맞아) 이쁘게 하고 싶고, 어, 이 작품 욕심 너무
나는 거야, 지금. (예진 엄마 : 맞아, 맞아) 지금은 마음이 그래. 그니까
〈옷장〉 때 마음이랑 분명히 〈이웃〉[〈이웃에 살고 이웃에 죽고〉] 할 때
마음이랑 달라요. (김태현 : 다 다르죠, 다르죠) 예. 내가 이 작품을 대하
는 마음이 달라요, 지금.

김태현　　　맞아, 맞아.

동수 엄마　　예, 그건 있어요, 확실하게.

영만 엄마　　맞아, 맞아.

예진 엄마　　그러니까 더 잘하고 싶고, 애들이 할려고 했던 거라서
더 잘하고 싶고.

동수 엄마　　아니, 처음에는 정말 1프로도 안 빼고, 거기에 나오는
5인방 [역을] 막 하고 싶었어요 저도, 나도 내 아이의 꿈을 하고 싶으니
까. 물론 동수는 춤추고 하는 거랑은 거리가 멀지만, 거기에는 동수뿐
만 아니라 모든 아이들의 꿈이 담아[담겨] 있었잖아요. (예진 엄마 : 맞
아, 맞아, 맞아) 그니까 너무 하고 싶은데, 내가 그래도 루피[만화 〈원피
스〉의 주인공]는 동수가 좋아했던 캐릭터이기도 하고 또 남자아이를
내가 한다는 게 저는 그게 또 컸어요. 처음에는 동수, 수인이긴 했지
만, 그걸 떠나서 '남자아이 엄마니까 남자아이 하는 것도 나한테 큰
의미다' 이렇게 생각했던 거지. 근데 '이쁘게 잘해서 꿈을 이뤄주고 싶
다', 일부분이지만, 이 극이 잘됐으면 좋겠어.

예진 엄마　　나도 그래.

동수 엄마   그 맘이 커요, 솔직히 말하면.

예진 엄마   정안수[정화수]라도 떠놓고 기도를(일동 웃음).

동수 엄마   그런 마음입니다, 저희 지금(웃음).

예진 엄마   잘된다면 그렇게라도 하고 싶어요. 정말 간절하게 잘하고 싶어요. 우리 애들을 대신하는 거라서, 정말 〈이살이죽〉도 물론 중요하지만 그건 우리 얘기잖아요. 근데 이건 우리 아이들 얘기라서 더 몇 배로 더 잘하고 싶어요.

동수 엄마   아이들 얘기이고 아이들의 꿈이고.

면담자   이렇게 작품마다 의미들이 계속 바뀌고 하시는데 (동수 엄마 : 바뀌죠, 당연히) 그런 거는 제가 좀 이따가 작품 하나하나에 대해서 다시 질문을 드릴게요.

동수 엄마   너무 앞서 갔다(웃음).

면담자   아니요. 일단 처음에 소개를 잘해주셨고요, 제가 이따가 구체적으로 여쭤볼게요. 그리고 다른 어머님들은 다 말씀해 주셨는데, 수인 어머님께서는 여기 연극단을 언제 어떻게 시작하시게 되었는지 말씀해 주시면 감사하겠습니다. 누구 소개로, 언제부터 활동하셨는지요?

수인 엄마   저희는 처음에 아까 말씀하셨다시피 커피공방에 커피 공부를 하러 갔는데 그게 인제 끝나가는 와중에 "이대로 엄마들이 다시 집으로 돌아가면은 안 나오실 것 같다" 그래서 엄마들끼리 얘기하는데, 이제 뭐 도자기 공방 얘기도 나오고 "연극, 그것도 재밌겠다" 뭐

인제 그냥 흘려서 했던 말인데, 거기서 커피를 가르쳐주시던 노세극
대표님이 전화를 덜컥 하신 거예요. 그래 가지고 인제 그때부터 있었
는데 (김태현을 가리키며) 쪼끄만 사람이 와서 너무 열심히 하시니까
(일동 웃음). 정말 처음에 와서 말씀하시고 그다음에 다섯 명이 빠졌어
요, 우리 10명이 커피를 배우는 데서.

| 동수 엄마 | 10명이? 8명 아니었나? |

| 김태현 | 10명이었는데 다음 날 갔더니 반이 없어졌더라고. |

| 동수 엄마 | 맞아요, 반 도망갔어요. |

| 수인 엄마 | 그니까 그 눈치 게임 있잖아요, 지금 (양손을 올렸다 내
렸다 하며) "1, 2, 3, 4" 하는데, 저희는 이렇게 몸이 무거워서 이렇게
빨리빨리….

| 동수 엄마 | 무거워서(웃음). |

| 김태현 | 못 일어나고 있었던 거야. |

| 영만 엄마 | 에유, 다행이었네. |

수인 엄마　　못 해가지구, 그다음에도 '저 사람이 쪼끔만 틈을 보이
면, (영만 엄마 : 도망가야지) 이제는 없어질 거야' [하고] 이젠 안심하고
있었는데 (김태현을 가리키며) 너무 칼같이 잘 지키구. 암튼 너무 재밌
게 준비를 잘해 오셨어요. 제가 봤을 때는 '어, 왜 저런 거를 우리가
해야 돼지?' 하는데 앞에 나가서 (발레 시늉을 하며) 발레리나 흉내 내
고 있고, 이렇게 퀴즈 맞히고 있고….

동수 엄마   그때는 생각이 없었지. 시키는 거 다 했어, 솔직히 말하면.

영만 엄마   뭘 모르고 한 거지.

김태현   그치(웃음).

수인 엄마   그니까 그게 연극이라니까 '뭐? 이런 게 연극이야?' [싫었지만], 그런데 (영만 엄마 : 맞아요) 어, 망치질을 흉내 내고 있고. 그러다가 인제 커피 수업이 끝났으니까 그쪽으로 가긴 뭐하고, 그래서 인제 장소를 온마음[센터]에 쪼끔 해서, 그거는 "유가족들이 일단 모이는 모임이니까 좀 제공해 줄 수 있느냐?" 했더니 그쪽에서 오케이를 해서 저희가 인제 그 장소만 빌려서 첨에는 갔었어요. 그래 가지고 〈그와 그녀의 옷장〉은 그냥 거기서 연습하고, 예대캠프[안산시 청년큐브 예대캠프] 가서도 연습하구, 인제 그러는 와중에 다른 엄마들도 들어오시고…. 그때도 역시 잽싸게 넣어놓고 빠진 엄마들 때문에 저흰 또 못 나가고(웃음). 이렇게 어찌어찌하다 보니까 10개월 만에 인제 무대에 서고, 예, [그리고] 있더라고요. 암튼 저희가 처음 시작한 게 연극을 하려고 시작한 게 아니라 일단 눈치 게임에서 져서 그랬고, 그러는 와중에 인제 (김태현을 가리키며) 저 사람이 안 나가니까 계속 못 나가고 있는 거죠, 지금까지.

동수 엄마   그렇죠. (수인 엄마 : 네(웃음)) 예대캠프는 〈이웃〉 할 때 갔죠.

수인 엄마   네, 네.

동수 엄마 　　〈옷장〉 때는 그 쫍은 데서 그냥 했죠.

수인 엄마 　　응.

8
첫 공연

면담자 　　2016년 3월에 창립하셔서 첫 번째 쇼케이스가 그해 7월에 있었고, 그다음 첫 공연이 10월에 있었죠?

영만 엄마 　　10월 22일인가에 안산[시]청소년수련관에서 첫 공연. 완판[완전 판매] 공연을 첫 번째로 했죠, 23일인가?

수인 엄마 　　(양손으로 브이[V] 자를 그리며) 22일.

영만 엄마 　　22일?

예진 엄마 　　22일 맞아?

수인 엄마 　　10월이긴 했어.

동수 엄마 　　(수인 엄마 쪽으로 몸을 숙이며) 언니, 우리가 처음 만난 게 [2015년] 11월인가 10월인가, 태현 쌤하고? 난 10월 달로 기억하고 있는데, 20 며칠로 기억하고 있는데?

(일동 동시에 웅성웅성함)

동수 엄마 　　그러면은 만난 지 1년 만에 첫 공연 올린 거네요?

김태현 　　맞아요, 맞아요.

동수 엄마   와.

영만 엄마   그래두 준비한 거 생각하면 지금보다는, 그때는 7월 달에 그렇게 [쇼케이스]하고 완판 공연을 3개월 만에 그래도 했으니까 준비 기간이 꽤 많았잖아요.

김태현   음… 그죠, 그죠.

영만 엄마   그래두 지금 생각하니까 너무 웃긴 거야(웃음).

동수 엄마   근데 그때하고는 우리 사람 상태가 틀리죠(웃음). 그때는 저 같은 경우 사람이 아니었어요.

예진 엄마   저는 그래서 첫공[첫 공연] 하는 날 이거를 예진이한테 보여주고 싶은 거예요, 맨 처음에. 그래서 혼자 가서 일찍 가서 공연하기 전에 아침에 혼자 가서 예진이 앞에서 진짜 미친년처럼 내 대사(손짓을 하며) 하구 그러고 왔어요. 그래서 "엄마 잘하냐?" 뭐, 뭐 이러면서(웃음). 그러구 싶었… 제일 먼저 보여주고 싶었어(잠시 침묵).

김태현   (휴대폰을 보며) [첫 공연이] 10월 22일이었네요.

동수 엄마   진짜 만난 지 1년 만이에요. 우리가 만난 것도 10월 22일인가 [2]5일인가 그러거든.

김태현   어머, 어머. 그러네? 딱 1년 만에 완공[완전 판매 공연]을 했구나. 그리구 나서 11월 4, 5, 6[일]을 대학로에서 공연을 했어요.

동수 엄마   (고개를 끄덕이며) 그렇죠. 사실 이게 대박 사건이에요.

영만 엄마   그러니까 대학로로 진출했다구요(웃음).

면담자   전혀 연극을 모르시던 분들이 1년 만에 완공을 하고, 그다음에 바로 (영만 엄마 : 대학로로 진출해서) 공연하신 거는 전문 연극인으로서 어떻게 평가하십니까?

김태현   어… 괴, 굉장한 어떤…(일동 웃음).

영만 엄마   (엄마들을 가리키며) 그냥 우리는 멋모르고 그냥 한 거예요(웃음).

김태현   굉장한 업적이라고 해야 될…(웃음).

수인 엄마   진짜 한여름의 크리스마스다.

김태현   그니까 우리가 처음부터 공연을 만들자고 모였으면 1년이 되게 긴 거였겠지만, 처음에 그냥 모였다가 사실은… 그냥 흩어질 수도 있는 모임이었는데 어떻게든 6개월을 끌고 와서, 여기 이렇게 2016년도 3월에 (영만, 애진 엄마 쪽을 가리키며) 이분들이 탁 오는 바람에 욕심이 막 생기면서 "쇼케이스만 합시다" 하고 막 (양손 주먹 쥐고 흔들며) "15분짜린데 그거만 합시다" 이렇게 해가지구, 7월 달에 쇼케이스 올린 거죠. 근데 재밌었던 건 뭐냐면, "공연을 합시다" 했을 때 엄마들이 (일동 웅성웅성하며 웃음) 말도 안 된다고 생각했고, 그러다 공연 올라가기 직전 (얼굴에 핀마이크를 붙이는 시늉을 하며) 핀마이크 붙일 때만 하더라도 "하아, 못 할 것 같아" 이랬어요(일동 웃음).

그러고 나서 공연을 딱 했거든요? 끝나고 딱 내려오면서, "아, 좀 배역 비중 좀 높여 달라 할까" 하면서 (손짓하며 웃으며) 뭐랄까 더 막 활발해진 느낌이 있었어요. 그래서 결국 '야, 이거 되겠는데' 싶어 가지구 (손으로 입을 가리고 귓속말하는 시늉을 하며) "그러면… 좀 더 연습해 가지고…", 그때 우리가 쇼케이스 공연 올리더라도 1장, 3장은 계속 리딩을 하고 있었잖아요, 그래서 "쫌만 더 해서 70분짜리 올리자"고 해서 (강하게 삿대질하며) 10월 말에 빡 올리고. 근데 너무 잘한 거야(박수).

애진 엄마   (손바닥을 펼치며) 대학로로, 빡.

김태현   (허공에 주먹질을 하며) "내친김에 대학로 갑시다" [했더니] (엄마들 쪽을 가리키며) [엄마들은] "거짓말하지 마세요" 했는데, (팔을 멀리 휘두르며) 갔죠. 근데 이거는 연극 전문가의 입장에서 봤을 때 두, 네, 굉장한 (수인 엄마 : 말도 안 되는) 성적이라고 생각해요. 그 대학로에서도 3일간 공연했는데 매진 다 했잖아요.

동수 엄마   그렇죠, 왔다 그냥 가신 분도 계시고.

영만 엄마   그거는 세월호 가족 엄마들이 하니까 보러 온 거죠, 우리가 잘해서 온 게 아니고(웃음).

김태현   (웃으며) 사실상은 그렇습니다.

영만 엄마   그래(웃음). 근데 너무 웃긴 거는 그때두 그게 10월 달에 그렇게 공연을 완판 공연을 하긴 했지만 11월 달에 그렇게 대학로로 바로 진출한다는 건 아무도 생각을 못 했죠. 사실 감독님도 생각을 못 한 거예요. 근데 인제 "어, 그냥 하자" 그랬는데 어떻게 우연찮게 그 공연장이 그랬잖아요. 공연장을 누가 사용하기로 그 기간이 됐는데 뭐 어떻게 되어가지고 캔슬이 됐대요. 그래서 거기를 (김태현을 가리키며) 딱, 감독님이 잡아 오신 거예요. 그래 가지구 거기서 대학로에서 공연을 했어. 저희가 초연을 이렇게 딱 대학로로 하자마자 1년 만에 진출을 했다는 거 아닙니까(일동 웃음).

예진 엄마   근데 이게 또 좋았던 게, 연극을 하면서 그동안에 4·16 이전에 교류했던 지인들을 다시 만나는 계기도 됐어요. 제가 초등학교 친구들 모임이 있었는데 4·16 이후로 다 단절을 했었거든요. 근데 다시 연락할 기회가 없는 거예요, 말도 안 통할 것 같고. 근데 이 연극이 있으니까 웹자보를 한 번 딱 보내봤어요. 애들이 다 온 거예요. 그러면서 그 아이들도 연락을 하고 싶었는데 어려웠던 거죠, 어떻게 위로를 할 수도 없는 거고. 그런데 연극을 평계로 와서 이제 와서 "미안하다"고 이렇게 해주면서 그런 계기도 됐고, 여러모로.

영만 엄마   근데 오히려 전 또 반댄데, 여전히 아는 사람한테는 보러 오라고 적극적으로… (손사래를 치며) 못 하겠어.

예진 엄마   그냥 난 웹자보만 보내.

동수 엄마   난 안 보내.

면담자   이거는 어머님들 사이에서도 좀 다르네요. 사실 부모님들 개인 구술을 보면 많은 분들이 원래 지인들과 관계가 되게 어려워지고 (영만 엄마 : 맞아요) 세월호 가족분들끼리가 오히려 더 편하다고 하시더라고요.

예진 엄마   저두 그렇긴 한데, 왜냐면 너무 저희 근황을 모르고 싶어 하는 건지, 궁금해도 아는 척을 [하기] 어려워서 못 하는 건지 그것조차도 모르겠는 거예요. 그래서 상태를 파악할 겸? 그리고 "우리 이렇게 지내고 있다" 이것도 알릴 겸? 그래서 인제 그런 분들은 다 왔죠. 우리 친정 식구도 그런 쪽에서 다시 가끔씩 얼굴 보는 계기가 됐고.

순범 엄마　　　앞으로 그렇게 한번 해보겠습니다.

면담자　　　연극이 좋은 계기가 됐다니까 다행이네요. 그러면은 첫 번째 공연을 준비하는 때로 돌아가 볼게요. 처음 연습을 한 날은 기억이 나시나요?

동수 엄마　　　그 우리가 〈옷장〉 대본 받고 그니까 연습을 한 게 기억도 안 나요, 지금 사실은.

면담자　　　보통 어디서 연습하셨어요?

영만 엄마　　　그니까 온마음센터에서는 저희가 뭐 한다 그러면 거기 그 엄마들 휴게실 같은 방이 있어요. 그 방이 근데 이렇게 막 엄청 넓지는 않고 (오른손으로 둥글게 그리며) 요 정도 되는 공간이기 때문에 그냥 거기서 연습하고….

동수 엄마　　　그니까 그것도 처음에 빌려줄려[고 해서], 빌려준 게 아니구, 엄마들이 안 쓰는 날 요일을 잡아서 이 날짜 때 우리보고 연습하래요. 그러면서 그니까 그 좁은 공간… 처음에는 진짜 장소만 빌려줬어요, 저희한테. 과자도 안 주고 아무것도 안 주고, 진짜 그냥 엄마들이니까 장소만 "제공해 줄게요" 해서 간 거고, 거기서 〈옷장〉 연습을 한 거야. 근데 이 〈옷장〉이 공연 올라가면서 (손짓을 하며) 빵 터지니까 그쪽에서 잡은 거지.

영만 엄마　　　이제 적극적으로 지원을 하고 후원을 할려고.

동수 엄마　　적극적으로. 먼저 인제 과자가 들어왔어요(일동 웃음). 굶어 죽지(엎드리며 웃음). 그러니까 (수인 엄마의 머리를 가리키며) 이 한 두당(책상을 치며 웃음).

예진 엄마　　그래? 두당이었어, 그게?

영만 엄마　　응, 두당 간식비. (예진 엄마 : 아, 진짜) 그니까 한 명당, 두 [명]당 안 되고, 한 명당 간식비가 3000원이 있어요. 그게 좀 들어 왔고, 그러다가 우리가 〈이웃〉 공연하면서 더 터지니까 1인당 7000원, 밥값이 들어왔어(웃음).

애진 엄마　　7000원(웃음).

김태현　　디테일하게 잘 알고 계시네.

예진 엄마　　산증인이야.

동수 엄마　　(예진 엄마를 바라보며) 언니, 그러니까 그게 처음에 갔 을 때는 온마음센터[에서] 연습할 때는 눈치 봐가면서 했어, 저희가요. 그 장소 쓸 때도 언니, 대본 리딩할 때도 언니들 없을 때는 리딩할 때 도 눈치 봐가면서 했어요, 다른 분들이 오면….

예진 엄마　　피해 준다고?

동수 엄마　　피해 주는 건 아니지만, "쉴 공간이 없는데, 우리" 그러 신 분도 있었구요. 우리가 다른 날짜 잡고 싶어도 그날은 안마받는 사 람 있으니까 가서 써야 되고, 그리고 다른 프로그램 해야 되니까 안 된다고. 우리가 그래서 어쩔 수 없이 "안 쓰는 월요일, 금요일 중에 월 요일이 낫겠습니다" 했다가 월요일로 잡은 거였거든. 눈치를 많이 봤었어, 처음 시작할 때.

영만 엄마   지금은 인제 말한 것처럼 합창단이나 이 연극 팀들이 밖에 외부적으로 연대하고 이러는 데 굉장히 큰 성과를 지금 내고 있잖아요. (동수 엄마 : 그렇지) 그러니까 온마음센터에서도 직접적으로 본인들이 하고 있는 어떤 사업이나 여러 가지 우리 지원 사업에 대해서도 가장 첫 번째로 우선순위가 된 거예요, (동수 엄마 : 지금은 그쵸) 이 연극 지원과 합창단 지원이. 그래서 그걸로 인제 정부의 후원이나 예산 같은 것도 그렇게 인제 올해부터, 아마 작년부터라도 암튼 이렇게….

동수 엄마   아냐, 올해가 제일 커요.

영만 엄마   여튼 이렇게 문화 사업으로 딱 이 지원을 아예 후원을 직접적으로 하고 있는 그런 계기가 된 거예요, 이 연극 팀과 합창단.

동수 엄마   그게 눈으로 보이는 성과가 있거든. (영만 엄마 : 밖에서 볼 때) 다른 건 눈으로 안 보이잖아요. 엄마들이 그니까 정신 건강 [프로그램]한다 치면, 작년에는 못 걷던 사람이 올해는 걸을 수 있잖아요. 근데 그거는 서류상으로 별로 안 보여요, 근데 이 합창이나 연극은 다 보이니까. 욕심이랄까? 그니까 너무 말하기 편하고, 말하기 좋고, 위에서 봤을 때도 "어, 엄마들이 이렇게 활동했구나. 이렇게 이렇게 뭔가 치유를 하고 있구나" 눈에 봤을 때 그게 된 거죠.

영만 엄마   근데 사실 뭐 100프로 치유도 아니고, 이렇게 활동한다고 했을 때도 모두 건강한 건 아닌데 말이지.

면담자   예진 어머님도 좀 전에 치유나 이렇게는 생각하지 않는다고 하셨죠.

동수 엄마   아니죠, 우리 뭐….

예진 엄마   위로는 받죠. 받지만….

면담자   위로랑 치유는 다르니까요.

예진 엄마   완전히 달라요.

영만 엄마   이런 시간을 통해서 어… 잠시나마 진짜 웃을 수 있기 때문에 그런 힘든 마음들을 잠시 내려놓을 수 있는 시간이긴 하지만 그렇다고 이게 치유는 아닌데.

김태현   치유는 애초에 있을 수가 없어.

영만 엄마   (왼손을 허공에 가리키며) 근데 그 사람들은 그렇게 치유라고 생각을 하고 있는 거지.

동수 엄마   근데 인제 센터에서는 그렇게 말할 수 있는 거죠, 예.

영만 엄마   그니까 보여지는 거에 대한 거를 그 사람들은 평가를 하는 거지.

9
초창기 공연 연습 과정에 대한 기억

김태현   이 공연을 하기로 하고 첫 연습이 어땠는지를 여쭤보신 거죠? (면담자 : 네) 그날을 난 특정할 수 없다고 생각해(웃음). 왜냐면 저는 저대로 공연을 하겠단 생각을 계속 갖고 있었기 때문에 '어느 날부터 딱 시작이다'라고 얘기하기가…. 어머님들 와가지고 첫 리딩하던 게 그 대본이 〈옷장〉이었나요? 처음 와서 리딩했던 게 〈옷장〉이었던 것 같기도 하고.

수인 엄마　　여러 가지를 계속하다가 의견이….

김태현　　(수인 엄마 쪽을 가리키며) 우린 계속했고.

예진 엄마　　나는 〈옷장〉이 아니었던 것 같고, 그 '뽀글이 파마', '놀이터', 난 그거를 맨 처음에….

김태현　　아아. 그럼 〈소꿉놀이〉를 먼저 했나 보다.

예진 엄마　　저는 그거를 잠깐 읽었던 것 같고 그다음에 〈옷장〉이었는데, 저는 글씨를 읽으면 이렇게 버벅거렸어요. 근데 감독님은 처음 온 사람이니까 막 칭찬을, 지금도 그러시지만 당근을 엄청 많이 주세요, 채찍보다. (영만 엄마 : 맨날 당근만 줘) 그렇게 당근을 주시니까 나도 모르게 '어우, 잘해야지 당근 먹을 저기가 되는데' 이렇게 하는 그런 게 생겼고, 영은 쌤도 되게 잘한다 그랬거든요. 근데 한참 지나고 나서 영은 쌤이 하시는 말씀이, 조연출 쌤이 (목소리를 따라 하며) "그때 어머님 리딩하는 거 보고 얼마나 심란했는지 몰라요" (일동 웃음) "이런 분이 무슨 연극을 할려고 한다고", 이제 쪼끔 편해진 다음에 (웃음). [제가] "그때는 잘한다 그랬잖아요?" 그러니까 "어유, 그럼 거기서 뭐라고 말을 해요?" (웃음)

김태현　　저는 진짜 잘한다고 생각했어요, 저는 정말.

예진 엄마   (애진 엄마에게) 영은 쌤이 그랬었어.

영만 엄마   생각한 것보다 잘했나 보지, 그러면(일동 웃음).

수인 엄마   우리는 먼저 겪었기 때문에….

영만 엄마   아픔도 있구, 응, 그니까….

동수 엄마   그런 거지. 내 상태를 봤으면 자기도 하면 안 되거든(웃음). 저는 글씨를 이렇게 못 읽었는데….

예진 엄마   글씨를 이렇게 뭐 버벅대니까, 이렇게 한 줄을 제대로 못 읽구 틀리구 막 이러니까, 긴장도 되니까, 아무튼 다른 분들 앞에서 (앞에 놓인 종이를 흔들며) 책 이거 읽는다는 자체가… 이런 정신적인 거 그거보다 난 그게 더 그랬어. 떨리드라고. 그니까 버벅거리는 거야. 나중엔 [영은 선생님이] 그러드라고요.

수인 엄마   (예진 엄마를 가리키며) 자기는 와서 읽었잖아. 쌤은 처음에 프린트 (두께를 손으로 표시하며) 이따만큼 갖고 다녔는데, 한 번도 못 하고 가져간 적이 더 많았어.

김태현   응, 처음에는 그랬죠.

동수 엄마   가져갔었어, 처음에 올 때는. 근데 처음에 인제 저희가 다른 건 기억 안 나요, 그냥 대본 읽은 거는 기억나는데. 배역을 받고 쇼케이스 한다고 우리 배역을 받았잖아. 아, 제가 그때 당시 3인방 아줌마[를] 받았잖아요. 그때는 기억나요. 그니까 나는 막 그 누가 뭐 (손가락질을 하며) "첫째, 둘째, 셋째" 이래 가면서 한 장면.

수인 엄마   (고개를 젖히며 웃음)

예진 엄마   맞어(웃음). 그게 [배역에서] 다 내 아들이었어요, 말썽꾸러기 오토바이 타고 다친 아들.

김태현   그래서 아까 말씀드렸다시피 〈그와 그녀의 옷장〉이 1장, 2장, 3장이 다 옴니버슨데, 2장이 '엄마의 옷장', 엄마가 주인공인 옷장이구, 길이는 한 15분에서 18분 정도 되는데, 어쨌건 여기서 수인 어머님과 동수 어머님이 초반부터 계셨기 때문에, 수인 어머님께서 어쨌건 수인이 키우면서 (손짓하며) 동화책 읽어줬던 경험들이 많으셔서 가지고 엄마 역할을 [생각했는데], 나는 되게 (가슴을 두드리며) 연출가로서는 욕심나게 하셨어요. 근데 새로 오신 엄마들도, 어유, 딕션[발음]들이 괜찮은 거예요, 제가 봤을 때는. 그래서 '이렇게 이렇게 이렇게 해서 15분 정도는 우리가 [공연을] 올릴 수 있겠다'고 판단을 하고, "해보자"라고 설득을 해서 오케이를 받고 시작을 했을 때가 아마 동수 어머님이 방금 얘기한 아마 그날일 거예요. (동수 엄마 : 응, 응) 아, 맞다 "하자"고 해놓고 리딩을 몇 번 한 다음에 캐스팅을 했구나. 배역을 정했어.

동수 엄마   예, 그때 당시에 임시 배역이라고 그랬어요. 임시 배역이라고 해갖고, 그니까, (수인 엄마의 어깨를 짚으며) 그때 당시 엄마 역할이었구, 저랑 주현이 엄마랑 동료였어요, 그 당시.

면담자   계속 글로 대본 리딩만 하시다가 배역을 받고 처음으로 움직임을 해보실 때, 그때는 아마 기억이 나실 것 같아요. 그때 첫 기억이 어떠셨는지요?

애진 엄마   그때도 센터였잖아요.

영만 엄마   센턴데, 그때도 움직임을 뭐 우리가 알아서 하는 건 아니죠. 그니까 연출님이 인제 우리가 어설프고 우리가 (손동작을 하며) 이렇게 움직이면, 여기서는 디테일하게 (손동작으로 하며) "요렇게 움직이시고, 요렇게" 다 가르쳐주시니까. 지금 이렇게 만들어진 건 다 연출님이 만들어주신 거죠, 우리가 무슨 뭐, 뭐 배우도 아니고. 나름 알아서 하는 거는 없었고.

애진 엄마   이때 나오는 거지. (김태현을 가리키며) 천재….

영만 엄마   연출가님, 맞아, 진짜 '천재 연출가님'.

예진 엄마   제 핸드폰에도 그렇게 입력해 놨어요, '천재 연출가님'이라고(웃음).

영만 엄마   그니까 이게 (손동작을 하며) 동작 하나하나 다 디테일하게, 그냥 그걸로 코치를 하시니까 그거대로 인제 기억해서 하는 거였죠.

면담자   대본에 "이렇게 이렇게 움직여라" 하는 지문을 넣어서 가르쳐준 건가요?

예진 엄마   아뇨. 없어요, 없어요.

영만 엄마   (손사래를 치며) 아뇨, 그런 게 있진 않구요. (손을 위로 뻗으며) 뭐 드라마 이런 대본처럼, 영화 이런 대본처럼 그렇지 않고.

애진 엄마   지문은 간단하게만 있어요.

영만 엄마   직접적으로 (앞에 놓인 종이를 들고) 이 대사만 있고, 이제 다 (김태현을 가리키며) 이 동작 동작을 다 하나씩 하나씩 만들어서 장면 장면 다 만들어주시는 거죠, (계속 다른 동작들을 하며) "여기선 이렇게 하시고, 여긴 이렇게 하구, 이렇게 움직이고" 뭐 하라는 거를.

동수 엄마   (펜으로 탁자 위를 여러 번 짚으며) "이쪽 한 번 가구, 저쪽 한 번 가고. 어머니, 저쪽 한 번 가세요. 그리고 중앙으로 오세요. (팔 동작을 하며) 그리고 여기서 뭘 하세요"까지. 그니까 [우리가] 워낙 그쪽에 문외한이었기 때문에.

예진 엄마   근데 또 한 번 이렇게 직접 몸으로 보여주시거든요. 그게 그렇게 보여주시고 그러고 따라 하려고 그래도, 만분의 일도 못 따라 해요(웃음).

영만 엄마   그러다 보니까 이제 뭐 "선생님, 한번 해보세요" 그러고 (카메라로 찍는 시늉을 하며) 이렇게 영상을 찍어서 가지고 집에서 인제 이렇게 보고, 어, 그거 보고 따라서 하기도 하고. 지금도 여전히 그러고 있어요. 지금 뭐 우리가 동작을 알아서 하는 건 아니고, 여전히 감독님이 지금도 "이렇게 하세요, 이렇게 하세요" 하면 그렇게 하고, (팔을 멀리 보내며) "이리로 가세요" 그럼 저리로 가고. 여전히 그냥 똑같이….

김태현   근데 리딩할 때랑 움직일 때랑 달라지는 것 중 하나가 뭐냐면, 어머님들의 연기도 달라지겠지만 어머님들 대본이 달라집니다. 움직임이 생기면 (손바닥 위에 글씨를 쓰는 시늉) 대사 옆에 어떻게 움직여야 되는지 기록을 하기 시작해요. (영만 엄마 : 맞아) 근데 그게 수회 반복되면 대본에 어머님들의 메모로 깨알같이 대본이 꽉 차거든요, (영만 엄마 : 쌔애까맣게) 빽빽하게. 근데 그게… (손동작을 하며) 너무, 너무 아름다운 거예요, 대본이 그런 모습이. 내가 이거를 한 번 페이스북에 사진을 찍어서 올렸어. (손바닥에 글씨 쓰는 시늉) "[가족극단] '노란리본' 엄마들이 이렇게 한다. 대학로 연극배우들 보고 배워라" 이러면서(웃음). 그게 영만 엄마 대본이었어요. 그 열정과 그 애정은, 아… 정말 대단한 거예요.

영만 엄마   아니, 열정이라는 거보다는 뭐, 모, 모르니까 그렇게 한 거예요, 사실은. 못 하니까 이걸 기억을 다 못 하잖아요. (예진 엄마 : 맞아) 그러니까 가르쳐주시면 가르쳐주신 대로 인제 대사 하면 서서 (쓰는 시늉) 막 받아 적는 거예요. 그리고 이제 대사연습을 어떻게 하냐면, 선생님이 페북에 올렸다는 게 제 건데, 처음에 진짜 아무리 해도 대사가 안 외워지잖아요, 그러니까 처음엔 안 외워져. [그러면] (밑줄 치는 시늉을 하며) 한 번 빨간 줄을 쳐. 그다음 있을 때 그걸 생각해서 또 외워봐요. 그러면 또 안 외워져. (밑줄 치는 시늉을 하며) 그럼 또 파란색을 쳐. 색깔이 계속 바뀌는 거야. 그러다 보니까 여기가 (종이 위에서 손동작을 하며) 아주 형광색으로 싸악 칠해지고…, 색연필까지 칠했거든요. (김태현 : 맞아, 맞아) 그러다가 또 안 외워져요. 그러면 여기다가 인제 포스트잇에다가 안 외워진 걸 적은 거예요. 적어가지고 여기다가 (붙이는 시늉을 하며) 다닥다닥 다 붙여놨어요, 처음 연극할 때. 근데 지금은 그거보단 많이 줄었어요(웃음).

예진 엄마   근데 이제 동선을 이렇게 짜주잖아요. 리딩을 다하고 어느 정도 외우면은 버벅거리더라도 외우면, 근데 (두 손으로 선을 그리며) 동선을 이렇게 잡아준단 말이에요. 그러면은 그냥 이거만 외우는 거보다 집에서 혼자 이렇게 동선을 해가면서 하면은 잘 외워지더라고요.

김태현　　움직이면서 하면은 잘 외워져.

예진 엄마　　네. 그래서 지금도, 그때 처음 동선 잡을 때도 우리 집에다 의자를 갖다 놓고, 세 개 갖다 놓고, (팔을 앞뒤로 흔들며) "아영아!" 뭐 이렇게, 이러면서 했어.

영만 엄마　　근데 그게 왜 그런가 하면, 이걸 그냥 글로 읽는 거하고요, 몸짓으로 기억하는 게 훨씬 빨리 기억하거든요. 지금도 저는 새로 하는 작품도, 지금은 게을러 가지고 아직 이거 대본을 다 습득을 못 했는데요. (검지를 펴고) 한 번 딱 리허설을 하거나 그러면 (머리 옆으로 양손을 펼치며) 딱 인지가 되더라고요. 그니까 그거를 지금 믿고 있는 거예요(웃음). 인제 되면은 (종이를 들고) 대충 인제 다 어지간히 숙지를 하고 (두 손으로 무대를 그리며) 그 무대에서의 한 번 동선을 움직임을 한 번 하고 나면, 그 리허설 끝나면 완전히 그게 몸에 딱 배더라고요.

김태현　　장착되는 순간이 있죠. (핸드폰을 보며) 아, 대본 찍어놓은 사진이 있는데 못 찾겠다.

동수 엄마　　(영만 엄마를 가리키며) 이분은 열성이 정말 강했던 거고요. 저 같은 경우는 '올라가서 그냥 대사만 하고 내려오자' 그게 컸어요, 저는 솔직히 말하면. 그니까 내가 가서 뭐 (손짓을 하며) 손짓을 하고 행동을 하고, 첫 작품 때 가서 내가 연극배우처럼 막 천연덕스럽게… 이게 아니고, 그냥 내가 동수 엄마로 올라가서, 내가 하고 싶으니까, 대본이지만 대사 하고 내려오는 게 더 의미를 크게 했어. 그러다 보니까 (대본을 펼쳐 손으로 쓸며) 여기는 깨끗했어요, 저는(웃음).

김태현   (동수 엄마 쪽으로 팔을 뻗으며) 게다가 동수 엄마는 어떤
장면이었냐면, 아들이에요. 아들이 첫 출근하는 건데, 엄마가 아들의
첫 출근을 바래다주는 장면을 두 분이서 연기를 해야 되는 거예요. 그
래서 수인 엄마는 수인 엄마대로 수인이가 출근하지 못했던 그 출근
길을 이 작품을 통해서 하는 거고, 동수 엄마는 동수 엄마대로 본인이
아들이 되어서 하다 보니까…, 그 장면에서는 이제 뭐 몸짓 이런 거에
신경 쓸 겨를이 없는 거지. 그냥 그 장면만 하고 나면 둘이 펑펑 우니
까…. 우는 상황이 계속 나왔던 거죠.

동수 엄마   그땐 그랬죠. 아들과 엄마로 만난다는 게… 쉽지 않았
었어요.

예진 엄마   (수인 엄마와 동수 엄마를 가리키며) 그래서 이 둘이가 극
에서는 모자지간이었잖아요. 그래서 장난으로 예를 들어서 공연하기
전이나 공연하는 상황이 아닐 때도, 동수한테 쪼끔만 뭐라 그러면 (웃
으며) "내 아들한테 그러지 마라". 하고, "어디 내 아들한테 그러냐"고
많이 그랬어요(일동 웃음).

김태현   맞아, 맞아(손뼉 치며 웃음).

동수 엄마   그게 인제 쫌 많이 이입됐었어요.

예진 엄마   어, 어, 많이 그랬어요.

동수 엄마   많이…. 같은 반이기도 하지만, 그니까 인제 [배역에서]
내가 아들이었지만 내가 아들한테 못 했던 것도…. 그니까 그런 케미

[배우들 간의 조화나 주고받는 호흡]가 좀 있었죠, 음.

면담자   두 분이 말씀하셨듯이, 대사가 입에 붙고 또 행동도 몸에 익으면서 아무래도 감정이입이 되실 거 같은데요. (동수 엄마 : 많이 되죠) 연습하시는 것부터 아마 아이들이 생각나고 하셔서 많이 힘드셨을 것 같아요. 그래서 서로 울고 이런 일들이 많았을 것 같은데, 어떠셨나요?

(잠시 침묵)

동수 엄마   많이 울었죠.

예진 엄마   〈이살이죽〉에서 더 울었죠.

동수 엄마   그니까 첫 작품은 엄마 아들 만나는 신 때문에 힘들었고, 솔직히 1장, 2장, 3장은 우리들의 얘기다 보니까…, 노동극이다 보니까 그렇게 그게 아니었는데, 2장에서 아무 대사도 없어. 아무 대사도 없고 그냥 엄마와 아들이 그… (김태현 : 출근?) 그 출근시키는 그 장면이랑, 그 아들이 첫 출근해서 갔는데, 그게 [용역으로서] 내가 때려 부숴야 되는 게 엄마였던 거죠. 그니까 그게 사실 있었던 내용이잖아.

김태현   그쵸, 그쵸. 실제로 있었던 사건이에요.

동수 엄마   그걸 신문에서 사실 봤었거든요, 옛날에. 그니까… 너무 아프더라고, 아팠죠. 물론 저는 동수 때문에 그런 게 있지만…, 그것 땜에 아무 대사도 없지만 그냥 나가서 엄마와 아들이 만난단 자체가 사실 아팠으니까. 그러다가 인제 〈옷장〉이 끝나고 〈이웃〉을 하는데 사실 대본이 이렇게 나왔잖아요. (대본을 들고 앞부분 몇 장을 집으며) 요만큼 읽고 못 넘어갔어요, 저는 한동안, 〈이웃〉 장면 때. 〈이웃〉을 도저히 못 읽겠더라고. 이거 다 읽는 데, 한 권 다 읽는 데 오래 걸렸어요, 우느라고…. 그니까 [연극에서] 영광이 할아버지가 올라오면서부터는 안 넘어가는 거야, 이게. 저는 대사도 없지만… 그 감정 신이 쉽지가 않았던 것 같아요. (김태현 : 맞아요) 그리고 제일 힘들었던 건 은주[극 중 주인공의 딸]였어.

김태현   그쵸, 그쵸.

예진 엄마   나도, 나는 [연극에서] 소리하고 엄마하고 그 회상 장면 할 때 그걸 봐가면서 자꾸 '저게 우리 예진이야' 이렇게 상상을 한 거예요. 그래서 내가 대기하면서 이렇게 무대 밖에서도 항상 그걸 꼭 봤어.

동수 엄마   근데 언니 그거 모르지? 나는 그때 은주가 절대 예진이 아니었어. 동수였어.

예진 엄마   그래, 다 그렇지. 다 자기 자식, 자기 애지.

동수 엄마   그니까, 나는 한 번도 그게 예진이 장면이라고 생각한 적 없고, 나는 동수였던 거야, 항상.

김태현   동수였어야 맞아요.

예진 엄마   그래. 다 각자 그렇게 생각한 거 아냐?

동수 엄마   맞죠. [연극 장면에서 내가] 뒤로 돌아갔을 때 나는 항상 [은주가] 동수였는데, 동혁 언니가 막 웃으면서 오잖아, "은주" 하면서.

김태현   응, "우리 새끼" 하면서.

동수 엄마   근데 저는 솔직히 그때 울고 있어요. 동혁이 언니가 와서 막 장난처럼 그니까, 감독님은 장난치라고 (옆에 앉은 순범 엄마의 팔을 양손으로 붙잡고 흔들며) 막 이렇게 하는데, 이게 안 되는 거야, 난 이미 울고 있기 땜에. 그래서 최대한 더 오히려 그냥… 차라리 나는 그냥 포기하고, '잃어버린 아이의 뒷모습만 보여주자' 했던 거예요, 사실 저는. 그니까 동혁 언닌 막 웃으면서 [해도] 나는 가만히 있는 거죠.

수인 엄마   그렇지, 등 뒤 장면만 나오니깐.

동수 엄마   그랬던… 예, 예. 뒷면이기 때문에 차라리 그냥 나는… (김태현을 가리키며) 감독 선생님은 원래 원하는 장면이 있었잖아. (팔 동작을 하며) 엄마와 딸이 막 웃는, (김태현 : 친구 같은) 친구 같은. 근데 그게 잘 안 되더라고.

김태현   근데 뭐 괜찮았어요, 잘됐었고. 그 〈옷장〉에서 연습하면서 눈물 났던 장면은 이 엄마하고 아들 장면도 있었는데, 그 3장에서 (영만 엄마 : 식당에서 욕하는) 조끼 입고 이제 (동수 엄마 : 순애) 네, 300일 넘게 농성하는 어떤 그 여성 노동자의 이야긴데, 그 대사가 우리 가족이랑 너무 잘 맞았어요. "벌써 이 조끼를 입은 지도 300일이 넘었다. 우리도 누구처럼 예쁜 원피스 입고 산으로 들로 놀러 가고 싶은데 그러지 못한다"라는 그 대사가 그냥 그 비정규직 노동자의 대사였지만, 그냥 다 우리들의 대사로 느껴져서 (손으로 눈물 흘리는 시늉을 하며) 막 울고 했었죠.

영만 엄마   네, 평범했던 그런 생활들을 다 잊어버린 거니까.

김태현   그니까.

면담자   그 대사를 하셨던 게 누구셨어요?

영만 엄마   (손으로 가리키며) 애진이 엄마.

면담자   애진 어머님은 어떠셨어요? 제 기억에 그 대사가 첫 번째 공연에서 제일 인구에 많이 회자되는 대사였거든요.

애진 엄마   그죠. 부모님들이 그때 당시가 아마 광화문도 그렇고, 하루가 멀다 하고 인제 거의 아스팔트 바닥에서 그냥 앉아서 투쟁을 하던 시기였잖아요. 어쩌면 이 세월호 사건이 일어나지 않았으면은 그냥 집에서 밥하고 회사 다녔던 엄마, 아빠들이 생전 모르는 투쟁의 전선에 뛰어들어 갖고 하는 그거였잖아요, 그래서 생각할수록 마음이 아프고…. 저는 또 감정이입이 좀 많이 됐던 게, 실제 저희 사는 남편이 또 (웃음) 투쟁 현장에서 일하는 장면이고 [하다 보니깨] 이것보다 더 많은 거를 좀 많이 봤죠. 피 터지고… (이마를 손으로 쓸며) 피 흘리고, 잡혀가고…, 어쩌면…. 집 안에 그 모든 게 압류돼서 돈 10원 하나 없이 살았던 적도 막 있었던 것 같아요. 그 아이들…(울먹임).

영만 엄마   (애진 엄마의 등을 쓸어줌)

김태현   왜 이렇게 울어(웃음). (김태현과 영만 엄마가 휴지를 건네줌)

애진 엄마   아유……(웃음).

동수 엄마   당시의 서러움에(웃음). 생각나는 거지.

애진 엄마   아, 애들 뭐 사주고 싶어도 솔직히 못 사줬어요. (예진 엄마 : 전화 하지) (장난스럽게 주먹으로 예진 엄마를 살짝 때리며) 그래서 솔직히 저는 애들을 주워서 입힌 옷들이 되게 많았거든요. (울먹이며) 그니까 그게 감정이입이 확 됐던 거…. 그러고 또 그 감정이입이 되면서, 지금의 현재 부모님들 그렇게 하고 있는 거…. 그래서 그 장면 할 때마다 많이 울었던 것 같아요.

동수 엄마   처음에 언니가 세 번째 씬[신] 할 때, 이제 언니[가] 아까 얘기했듯이 우린 꾹꾹 참고 있는데, 항상 세 번째 씬 할 때마다 너무 많이 울어요, 언니가.

애진 엄마   그게 나의 현실이니까.

동수 엄마   예. 그니까 나중에 저도 안 거야, 언니의 현실이었던. 그니까 우리가 엄마, 아빠들끼리 투쟁한 것보다 당신 투쟁했던 게 더 기니까…. 우리는 뭐 애 키우면서, 난 솔직히 저는 애 키우면서 즐겁게 키웠으니까.

애진 엄마   난 아파트 단지 1층에서 옷 거의 다 주워서 입혔어(웃음). (영만 엄마가 등을 토닥임) (눈물을 닦으며 예진 엄마에게 기댐)

동수 엄마   그니까 그걸 알면서, '아, 언니가 왜 그런지 알겠다', 지금 현실도 그렇고 옛날도 그렇고… 그니까.

김태현   이야, 캐스팅을 기가 막히게 했었네(웃음).

예진 엄마   (애진 엄마를 안으며) 그렇게 살았구나.

동수 엄마   그래서 이해했던 장면이었던 것 같애.

영만 엄마   (애진 엄마의 머리를 쓰다듬으며) 나는 슬프지 않아. 나는 슬퍼도 슬프면 안 되는 거지? (웃음)

애진 엄마   (티슈로 눈물을 훔침)

동수 엄마   그리고 또 힘들었던 장면이 엄마, 아들 만났다가 헤어지면서 엄마 독백 씬이 마지막 장면에 있잖아요. (김태현 : 맞아요) 그 대사가 너무 아픈 거야. 저는 처음에 그 대사 듣다가 일부러 귀를 막았어요, 그 대사를 하면은. 3장에 연애 씬을 해야 되는데 할 수가 없는 거야, 우느라고.

김태현   3장에서 쾌활하게 나와야 되는데, 거기에 빠져 있다 보면 안 되니까.

동수 엄마   예. 그래 갖고, (수인 엄마 : 맞아) 처음에 한두 번 듣다가, 나중에는 아예 귀 닫고 아예 안 들었어요. 복도로 나가갖고 (손사래를 치며) 막 옷 갈아입고 딴짓, 딴짓했어, 사실은.

수인 엄마   (동수 엄마에게 손가락질을 하며) 지는 나를 울려놓고, 저는 가서 안 들어(웃음).

영만 엄마   쏙 들어가 가지고(웃음).

김태현   그게 엄밀히 따져보면 그 대사 자체가 슬픈 대사는 전혀 아니거든요? 근데 상황과 연기와 이런 것들이….

면담자   수인 어머님은 어떤 대사인지 기억나세요?

수인 엄마   (웃으며 손사래 침)

동수 엄마   아니 그니까, 애기 태어날 때부터 해서 뭐 (손동작을 하며) "옷을 입히고, 뭐 했고, 뭐 했고" 이거잖아. 그러면서….

영만 엄마   나도 기억이 잘 안 나는데(웃음). "예쁜 마이[웃웃]도 입혀주고 싶고", 뭐, "초등학교 입학 때는 예쁜 마이도 입혀주구 싶고…".

김태현   그 독백은 그 전의 독백이고…, 근데 그것도 되게 짠한데. 아들 뛰쳐나가고 하는 대사는 그런 게 아니라 1장에서 남편한테 퍼부었던 대사야.

동수 엄마   반복되는 거 아니야? 아무튼 간에.

김태현   1장에서 남편한테 퍼부었던 대사, "당신만 뭐 정의로운 사람이요?"

동수 엄마   아, 맞다. 소리치는 거, 맞아요.

김태현   "나는, 나는 못난 사람이요? 허구한 날 옷을…" 이래 가면서.

동수 엄마   응, 자기 푸념하는 장면.

예진 엄마   근데 처음에 와서 리딩하구 이렇게 배역 잡고 한 명씩 돌아가면서 하는데, (수인 엄마를 가리키며) 너무너무 잘하는 거야.

수인 엄마   (크게 손을 저으며) 어머, 왜 그래(웃음).

예진 엄마   그래 가지고 '야, 수인 언니는 연극을 했었나?' 그러니까 막 자신감이 떨어지는 거야, (수인 엄마를 가리키며) 너무 잘하니까. 나중에는 그래 갖고, 옛날에 수인이한테 구연동화를 많이 읽어줬대

서, '아 그래서 저렇게 잘하나? 어쩜 저렇게 잘하지? 연극을 했던 사람처럼?'

애진 엄마　　나는 언니 대사 중에 "당신은 성인군자고 나는 나쁜 년이야" 할 때, 그때 그 대사가 나를 두고 하는…. 왜냐면 우리 신랑은 막 그런 일을 하고 있고 나는 왜 당신 그거 하냐고 집에 누워갖고 막 싸우고 그러니까, 그게 내 대산 거야. 그래서 내가 우리 신랑한테 가끔씩 해줬단 말이, "당신은 성인군자고 나는 나쁜 년이야", 그게(웃음).

동수 엄마　　같은 대사여두 받는 느낌은 다 다르니까. 나는 내가 동수, 울 애들 못 해준 것만 생각났던 거고. (애진 엄마 : 그치) 이제 해줄 수 없다는 게 컸으니까.

애진 엄마　　그니까 자기의 그 대사가 보면, 자기하고 인제 비슷한 대사를[에] 좀 많이 감정이입이 되는 것 같아.

수인 엄마　　(김태현을 가리키며) 아니, 연출 선생님이 처음 딱 한 번 그 말씀을 하셨어요. "울면은 감정 전달이 더 안 된다. 되도록이면은 안 울고 상대방을 울리는 게 훨씬 더 중요할 거다" 그랬는데 나중엔 포기를 하셨어요. "어머니 울고 싶으시면 그냥 우세요"(두 손으로 얼굴을 가리며 웃음).

동수 엄마　　제일 힘든 거야(웃음).

예진 엄마　　맞아, 그럴 수밖에 없어.

수인 엄마　　(동수 엄마를 가리키며) 아니 쟤가 너무… 진짜 감정 (얼굴 옆에서 손짓을 하며) 탁 올라오게 해놓구, 나가요.

김태현   나가버리지.

동수 엄마   그것도 보지도 않고서 막 도망가 버리니까.

수인 엄마   그니까 그게 연극적인 걸로만 이게 이해가 되지 않는 거예요. 왜 그러냐면 아들이니까, [연극할 때] 항상 나는 수인이가 뛰쳐나가는 그런 장면이 떠오르니까.

애진 엄마   나는 근데 언니가 울먹울먹하면서 하는 대사 들으면 더 막….

동수 엄마   너무 아팠어, 솔직히.

애진 엄마   그 대사를 하면서 사람들이 엄청 많이 울었어.

동수 엄마   울 것 같으면서 안 우는 그게… 너무 아팠어.

김태현   그니까 대사가 진짜 울먹한 상황인데, 그 대사 자체가 그냥 뭐 (머리를 감싸 쥐며) 잘 기억이 안 나지만 암튼 (어조를 높이며) "하시요" 그런 톤이었기 때문에.

예진 엄마   진짜 잘했어.

애진 엄마   잘했어. 어우, 그 대사는… 막 뒤에서 내가 막 눈물 나고….

면담자   공연에서 배역은 어떻게 정해졌나요? 말씀들 들어보니까 이입할 만한 상황이 하나씩은 있는 배역들이 절묘하게 잘 맞아떨어지게 주어진 것 같아서요.

애진 엄마   (김태현을 가리키며) 예리하고 관찰자적인 입장에서 천재 연출가님께서 우리를 딱 적절하게 해주셨던….

동수 엄마   그니까 배역이 아마 저만 바뀌었을 거예요. 처음에 쇼 케이스에서는 아줌마였고, 나중에 아들이 됐는데, (김태현을 가리키며) 그 이유는 있을 거예요(웃음).

면담자   그 이유를 혹시 들은 적 있으셨나요? 이 배역을 왜 해야 되는지 이런 걸 설명해 주신 적 있나요?

동수 엄마   아니요, 없어요.

수인 엄마   아니요, 쌤이 저기 한 거는 그때는 왜 했는지 (손사래 치며) 우리는 모르니까.

동수 엄마   아, 지금도 몰라요, 왜 시키는지. (김태현을 가리키며) 권한이라서 그냥 안 따졌어요(웃음).

김태현   전혀 모르실 거예요.

면담자   한번 여쭤봐도 괜찮을까요?

김태현   네, 네. 일단 〈그와 그녀의 옷장〉에서는 (검지를 펴며) 첫 번째 호남이가 진짜 중요하거든요? 호남이가 유쾌하고 경쾌하고 스피디하게 열어줘야 〈옷장〉이 쫙 가는 그게 있어서, 영만 엄마 같은 경우는 그 유쾌한 에너지하고 스피디함 (영만 엄마 : 날렵함?) (손동작을 하며) 몸 움직임에서 스피디함과, 그다음에 음색이 약간 중성적인 면이 있어요. 그래서 남성 캐릭터를 줘도 어울릴 만한 분이셨기 때문에 호남이는 영만 엄마가 맡아줘야 이렇게 좀 끌고 나갈 수 있겠다고 판단을 했었고. 다음에 수인 엄마 같은 경우는 그렇죠, 이 자리에서 최초 고백합니다만. 수인 엄마가 엄마 역할을 리딩했을 때 처음으로 '공연이 가능하겠다'고 생각했어요. '공연을 올리는 게 가능하겠다'. 그래서, 예진 엄마가 느꼈다는 그런 거를 (예진 엄마 : 너무 잘했어) 다 똑같이 느꼈기 때문에 수인 엄마는 엄마를 맡아줘야 될 것 같다고 생각을 했고.

쇼케이스 때 (동수 엄마를 가리키며) 아줌마였는데 왜 아들로 했냐면, 뭐라고 해야… 사실은 (수인 엄마와 동수 엄마를 가리키며) 두 사람이 개인적으로 갖고 있는 케미도 난 중요하다고 생각했었고. 또 하나는 주현 엄마보다 동수 엄마가 아들로서의 이미지가 훨씬 강했어요, 제가 봤을 땐 더 어리고, 더 귀엽고. (동수 엄마 : 귀엽대(웃음)) 말하자면 동수 엄마가 수일이 역할을 했을 때 그 수일이가 관객들에게 전해주는 캐릭터의 장점은 귀여움이었거든요. 그래야, 너무 귀여우니까 내 아들이 되는…. (영만 엄마 : 그래서, 맞아 맞아) 그래서 이렇게 캐스팅을 받아야 이게 조금 잘 가겠다고 생각을 했었고…. 예진 엄마하고 동혁 엄마 같은 경우는 다역인 역을 맡으셨는데, 다역이라는 게 치고 빠지기에 능해야 돼요. 치고 빠지기에 능해야 되고, 한마디로 얘기해서 어떤 옷을 갈아입고 어떤 역할로 나와도 그 몫을 해내야 되는 사람들이거든요. 근데 제가 봤을 때는 동혁 엄마하고 예진 엄마가 이렇게… (손동작을 하며) 서로서로 또 개인적 케미도 되게 좋았고, 그래서 '이렇게 서로 주고받는 게 좋겠다'고 판단해서, 어… (예진 엄마와 영만 엄마를 번갈아 가리키며) 아니구나, 이렇게도 주고받았구나?

예진 엄마   이렇게도 주고받고, (수인 엄마와 영만 엄마, 본인을 가리키며) 이렇게도 주고받고.

김태현   (예진 엄마와 수인 엄마를 가리키며) 아, 저렇게도 주고받았구나? 다 주고받았네. (양손으로 예진 엄마와 수인 엄마를 가리키며) 이렇게도 주고받았구나?

애진 엄마　　그리고 나하고도 주고받았구, 다 했어. 다 했어요.

김태현　　두루두루 주고받았네? 그래서 암튼 예진 엄마가 아까 [말씀하셨는데], 처음에 리딩했을 때 우리 조연출 영은 쌤이 [걱정된다고] 얘기했다고 했지만, 전 진짜 아니었거든? 처음에 리딩했을 때부터 (박수를 짝 치며) '좋다, 잘한다'고 생각했어요. 그때, 영만 엄마도 그때 들어왔잖아. (모두를 향해 손을 뻗으며) 다, 다 잘하는 사람들이 들어왔어요(웃음). 그래서 너무 좋았는데, (예진 엄마와 동혁 엄마를 가리키며) 여튼 그래서 다역을 맡아도 되겠는 캐릭터로 판단했고…. (애진 엄마를 가리키며) 처음에 깡패를 드렸는데…, 물론… 이런 깡패도 굉장히 매력적일 수 있지만….

애진 엄마　　얼마나 열심히 했는데.

김태현　　이왕 하는 거, 처절하게 투쟁하는 비정규직 여성 노동자를 맡는 게…. (애진 엄마를 가리키며) 내가 이 집을 좀 알아요. 이 집을 좀 알아서, 그 경험도 많거니와 그런 이미지 캐스팅도 있었던 거구요. 그래서 요렇게 역할을 드렸던 거였고, 주현 어머님 같은 경우는 의욕은 굉장히 많았고, 근데 그 의욕만큼 주현 어머님이 출석을 많이 못 하셨어요. 연습 때마다 많이 출석을 못 하서가지고 한 방 정도의 웃긴 걸 딱 가져갈 만한 캐릭터가 있거든요. 그래서 (드는 시늉을 하며) 이거 큐빅 들고 걸어가는 그 한 방으로 정말. 그래도 공연 끝나고 나면 그것만, '그게 제일 웃겼다'라고 생각할 만한 고거 하나 딱 드리면

적당한 상황이어 가지고, 요렇게 요렇게 캐스팅을 했죠. (엄마들을 바라보며) 두루두루 설명이 됐나요?

영만 엄마 　　네.

면담자 　　그럼 어머님들은 캐스팅을 처음 받았을 때 혹시 불만이 있지는 않으셨나요?

구술자 일동 　　(한목소리로) 아유, 그런 게 어딨어요? 그런 게 어딨어요?

동수 엄마 　　그 당시에는 뭐 불만이고 뭐고 아무것도 없었고.

영만 엄마 　　처음에는 아무것도 모르는데 뭐. 불만이고 뭐고 그냥 해야 되는 거였지.

〈비공개〉

10
첫 공연에서 기억에 남는 에피소드

면담자 　　순범 어머님께서는 1차 공연 때는 함께하지 못하셨는데, 이런 1차 공연 준비 때의 이야기들을 들어본 적 있으세요?

김태현 　　처음 들으실 것 같은데?

순범 엄마 　　이렇게, 이렇게 디테일하게 들은 거는 처음이구요. 그런데 제가 막판에 제가 두 번 깡패 딱.

예진 엄마 　　맞아, 공연했었어.

면담자	아, 순범 어머님도 하셨어요?
동수 엄마	막판에 두 번 정도.
순범 엄마	(오른손으로 주먹을 쥐고 머리 위로 흔들며) "야, 야. 빨리 다 치워버려" 그러면서, (애진 엄마를 가리키며) 여기 애진이 엄마가 (머리 위로 손을 내치며) 등짝을 딱딱 치면서 "빨리 꺼져. 빨리 들어가" 뭐 이런 거 대사 두 개 정도.
김태현	〈이웃에 살고 이웃에 죽고〉를 하면서 캐스팅이 되셨는데, 〈이웃에 살고 이웃에 죽고〉를 한창 하다가 〈옷장〉을 해야 될 경우가 두 번 있었어요. 그래서 준영 엄마하고 순범 엄마를 이렇게 저렇게 출연을 시켜서 했었죠.
애진 엄마	준영 엄마가 아줌마 역할로 들어왔잖아.
김태현	정말 잘했지, 아줌마 역할.
순범 엄마	저는 그때 저기 가죽 옷 입고 한 적이 있어요, 두 번.
면담자	알겠습니다. 첫 공연을 하고 나서의 느낌을 안 여쭤볼 수 없는데요.
김태현	7월 얘기하는 건가요?
동수 엄마	7월은 쇼케이스고 첫 공연은 10월. 그거 말하는 거죠?
면담자	뭐가 더 큰 의미일까요?
동수 엄마	완공이 큰 거죠.
영만 엄마	아니, 완공이나마나 저는 첫 공연 얘기하면 맨날 그 생

각이 나요. 7월 달 처음에 쇼케이스 공연할 때 입장을 언제 해야 되는지, 등장을 언제 해야 되는지 몰라가지고 거기 뜬금없는 데에서 (몸을 앞뒤로 크게 흔들며) 들락날락, 들락날락(웃음). (양 볼에 두 손을 갖다 대며) 그 경우는 제가 잊어버리지가 않아. (김태현 : 맞아) 단원구 노인복지관에서 쇼케이스 할 때요.

면담자   다른 사람들 앞에서 처음 공연한 것이 쇼케이스였죠?

영만 엄마   네. 처음 한 거였는데, 그래서 이제 등장을 해야 되는데 타이밍을 잘 모르니까 막 이게 커튼 뒤로 나왔다 들어왔다 나왔다, 제가 한 세 번을 그렇게 한 적이 있거든요(웃음). 그래서 그 생각하면 지금도 너무 웃겨.

김태현   등퇴장 타이밍에 대한 부분이 헷갈리셔 가지고. 근데 리허설을 우리가 두세 차례 했잖아요. 근데 리허설 때 몇 차례 그러시다가 공연 때는 거의 안 했어.

영만 엄마   그니까 그게 아까 얘기한 것처럼 이렇게 딱 공연장 무대가 세팅이 돼가지구 동선이 익혀지면은 몸으로 익혀지니까 안 잊어버리는데, 처음엔 처음 해보니까 이게 말이 끝나기도 전에 (엄마들을 한 명씩 가리키며) 이제 [대사가] 끝날 때쯤 됐는데, 끝날 때쯤 됐는데, 끝날 때쯤 됐는데(웃음). 계속 그 생각 하면서 들어갔다 나왔다, 들어갔다 나왔다.

예진 엄마   리허설을 참석을 못 했어요. 그래 가지구 몸으로 기억하는 언닌데 리허설 할 때 너무 바빴어요, 그때 이 언니가 막 너무 여러 가지 활동을 해서. 그때 기억저장소에 있었을 거야. 그래서 올 때가 됐는데 리허설 하는데도 막 못 오고 이러니까 리허설을 아마 못 했을 거야.

영만 엄마   몰라, 그래서 그랬는지(웃음). 그래 가지구 그때 공연은 저는 잊어버리지를 못해요.

김태현   그때 정말 떠셨어요, 어머님들. (예진 엄마 : 다 떨었지) 아직도 기억나는 건 핀마이크 볼에 붙여드리는데 다 떨고 계셨어(웃음). 다 떨고 계시니까 '이걸 어떡해야 되나…'.

애진 엄마   그리고 난 거기 청바지에 구멍 났잖아요. (영만 엄마 팔을 잡으며) 알죠, 언니?

영만 엄마   응, 알지. 넘어져 가지고, 아이고.

애진 엄마   리얼하게 하려고 (손바닥으로 책상을 치며) 바닥에 앉았는데 끌려가서(웃음).

김태현   (엄마들을 바라보며) 안 떠셨어요? 기억나요?

예진 엄마   어유, 엄청 떨었어요. 화장실을 얼마나 왔다 갔다 했는지 몰라요. (머리를 싸매며) 그 전날 잠도 못 자고 막….

동수 엄마   저는 기억도 없어요, 뭐 어떻게 했는지.

김태현   (양손을 머리 옆에서 흔들며) 어떻게 했는지도 막 생각 안 날 정도죠?

면담자   그러면 쇼케이스든 첫 번째 완공했던 10월 달 공연이든 더 기억에 남는 것 중에서 어머님들의 첫 공연에 대한 기억들을 한 분씩 한번 여쭤볼게요. (김태현 : 좋습니다) 영만 어머님은 방금 말씀해 주셨고, 애진 어머님은 어떠셨어요?

애진 엄마　　　아, 저는 그러니까 청소년수련관에서 했을 때[가] 제일 기억에 남는 게, 이제 물 뿌리는 장면이 있잖아요. 그때 기억이 나는데, [예진 엄마] 유신이가 물 뿌리면서 되게 힘들어했던 기억이 나요(웃음). 또 나는 그 물 뿌리는 그걸 받아들이면서 감정이입이 되는 거예요. 실제로 그 최루탄 [시위] 있잖아요, 그 현장에도 있었거든요, 제가요. 그러니까 이 세월호 사건 말고 그 전에도 최루탄 현장에 있었던 그 용역 깡패들, 그리고 전경들 막 (두 손으로 방패 모양을 만들어 좌우로 흔들며 내리찍는 시늉) 그 방패 칼로 밑에 팍팍팍 긁는, 그런 거 되게 많이 본 상태에서 유신이가 이렇게 뿌리는데 그 감정이 확 이입되는 거야. 그래서 실제로 많이 그때 할 땐 울고 갔던 기억이…. 연기를 하면서 울어야 되는데, 실제로 감정이 이입돼서 울었던 그게 많이….

예진 엄마　　　그래서 저 욕을 많이 먹었어요, 꼬맹이 관객들이 오면 제게 막 욕해가면서. (애진 엄마를 가리킨 후 책상에 주먹을 내려치며) 또 이쁘잖아요(일동 웃음). 이쁜 데다 그 처절한 약자에다가, 막 욕하면서 막 (책상 치며) 의자[를] 발로 차고 (물 뿌리는 시늉) 물 뿌리고 얼굴에다 막 뿌리고를 제가 하니까….

동수 엄마　　　어떤 꼬맹이가 그 얘기도 했었어요. (예진 엄마를 가리키며) "나 이분하고 사진 찍기 싫다"고까지 했었어요.

김태현　　　아, 정말로? (웃음)

동수 엄마　　　네, 네. (귀를 손가락으로 가리키며) 그걸 들었어요, 제가.

예진 엄마   그래 가지고 저는 (물 뿌리는 시늉을 하며) 물 뿌리고 와서 [무대] 뒤에서 막… (두 손으로 가슴을 부여잡으며) "어휴".

수인 엄마   (예진 엄마의 등을 토닥이며) 잘했어, 잘한 거야.

예진 엄마   (수인 엄마를 가리키며) 그러면 언니가 꼭 이렇게 해줬어요, 잘해서 그런 거니까 괜찮다고.

애진 엄마   그리구 나 들어가면 얘가… (예진 엄마를 안으며) 너도 근데 나 들어가면 이렇게 안아줬어. "괜찮아요" 그랬던 기억이 나(웃음).

예진 엄마   어유, 난 막……(가슴에 손을 얹으며 웃음).

김태현   그게 용역 깡패 역할인데, 저는 용역 깡패를 살짝 일베로 해석할 수도 있다고 생각했어요. 가족들 투쟁할 때마다 옆에서 막 (물 뿌리는 시늉) 물 뿌리고 (먹는 시늉) 폭식하고 했던.

동수 엄마   근데 우리가 보기에는 너무 아팠던 거지. (예진 엄마 : 응, 응) 나 무대 들어갈 때는 언니 보고 "언니, 쫌만 뿌려. 사람한테 뿌리지 말고 저쪽에 뿌려" 막 이랬거든(웃음).

예진 엄마   (애진 엄마를 가리키며) 근데 막 이 언니는 더 뿌리래. "더 뿌려, 더 뿌려".

애진 엄마   나는 괜찮다구. 근데 어느 날은 얼굴에 뿌려서 내 눈에 들어가서 (일동 웃으며) 울어야 되는데 "아, 어뜩해. 눈을 못 뜨겠어" 막 이러면서(눈을 비비며 웃음). 눈에 진짜 딱 들어간 거야. 아, 어떡해요.

김태현 아, 근데 그 장면도 기억난다. 이 장면에서 한바탕 후다닥 해놓고 용역 깡패는 떠나요. 그러면 혼자 남아 무대에, 그러면 정적이지. 조용히 혼자 일어나 가지고 (영만 엄마 : 정리하면서) 탈탈 털다가 주저앉아서 조끼를 부여잡고 우는 장면이거든요. 그때 흐르는 음악은 무슨 "빰빰빰빰!" 이런 거잖아요. 근데 그게 묘하게 그… 주는 처절함이 있었어.

면담자 예진 어머님은 어떤 기억이 있으세요?

예진 엄마 저는 첫 공[연], 그 쇼케이스요. 처음에 갔을 때 공연을 한다고 장소를 막 말씀하시더라고요. 무슨 카페에서 한다고도 하시고 그러다가 나중에 막 결정적으로 잡은 게 그 노인복지회관이었는데, 또 자리가 굉장히 많아요, 그 무대 말고 뒤에 자리가. 그 의자도 꽉 채워졌는데, 그 전날부터 너무 떨렸지만 또 제가 안산에서 활동을 잘 안 했는데, 무서워서…. 간담회 같은 것도 안산으로는 안 다니고 지방으로 다니고, 새벽에 갔다가 새벽에 오고 이랬었어요.

면담자 일부러 안산을 피하셨군요?

예진 엄마 네. 안산에서 낮에 다닌 건 진짜 〈이웃에 살고 이웃에 죽고〉의 순애였어요. 쓰레기도 밤에 버리러 나가고, 가까운 거리도 차로 가지고 다니고, 아는 사람 만날까 봐. 그래서 그랬었는데, 어쩌다가 인제 [안산] 와선[마을] 사람들이라고 안산에서 촛불[집회] 하던 그룹들을 알게 됐어요. 그래서 동네에서 피케팅도 하는데 그런 와중에 이 공연을 하게 됐거든요. 그 세월호 활동하던 분들이 가족들이 같이 함께하는 것에서 굉장히 힘을 받더라고요. 한 명이라도 있으면 의미를 찾게 되고 그랬는데, 그 사람들 중에 한 명이 또 [저희가] 연극을 한다니까, 물론 작은 무대지만, 그 소식을 알면서부터 막 주변에 막 알린 거예요. "예진 엄마가 쇼케이스 공연을 한대더라" 뭐 여러 군데 올린 거예요. 그러니까 저는 더 긴장된 거예요. 아, 제발 올리지 말라고, 알리지 말라고 그랬는데, "이런 건 알려야 된다"고 이래서. 그래서 더 긴장했던, 그래서 너무너무 떨었던…. 지금 생각하면 15분짜리는 그냥 이렇게까지 떨고 안 할 것 같은데.

영만 엄마   지금이니까(웃음).

수인 엄마   지금은 개껌이지.

예진 엄마   너무너무 떨었던. 그랬는데 그때 막 화분도 사서 막 가지고 오고 막, 무슨 스타 대접받았다니까?

김태현   그때 엄마들 세 명이 회상하는 아들로 계속 등장했었던 거죠?

예진 엄마   네. 고시 공부하는데 안 풀리는, 그리고 오토바이 타고 나가다가 다리 다치는 사고뭉치, 그리고….

김태현   (힘없는 목소리를 연기하며) "대학 안 가요, 엄마. 대학 가면 뭐 해요" 이러고 있었지(웃음).

수인 엄마   고3, 고삼이도 했지.

예진 엄마   그때 너무너무, 너무너무 떨었던. 그러면 뒤에서는 (옷을 펼쳐 들고 있는 흉내를 내며) [엄마들이] 옷을 이렇게 [들고] 대기하고 있었어요, 막.

129
•
1회차

동수 엄마   너무 역할이 많으니까?

김태현   배역이 많으니까, 퇴장하면 입혀주고 퇴장하면 입혀주고.

동수 엄마   대단했었어, 그때.

수인 엄마   시간이 지날수록 인제 알아서 입고 벗고 다 했지.

면담자   네, 감사합니다. 그리고 수인 어머님은 첫 공연을 어떻게 기억하고 계시는지요?

수인 엄마   제가 낯을 되게 많이 가려요, 여기처럼 막 사람들을 이렇게 알지도 못하구. 근데 저는 새가슴인데 의외로 안 떨었던 것 같아요. '그냥 일단 나가면은 다 마무리 할 때까지는 이렇게 아무 사고 없이 변수 없이 잘 끝났으면 좋겠다' 그런 게 있어서, 지금도 이 자리가 되게 막 떨리기는 하는데 솔직히 딱 나가면은 빛이 우리만 비추기 땜에 객석이 안 보이잖아요, 끝날 때까지. (김태현 : 그건 그렇죠) 눈에 뵈는 게 없으니까, 안 떨리더라고요, 진짜. (동수 엄마 : 그건 동감) 근데 끝나고 나서 이렇게 불이 전체 들어오면은, 막 인제 그때부터는 미치겠는 거예요. 이제 쇼케이스 때 한 번 그거를 느껴서 끝나고 나서는 정신이 하나도 없어요. 지금 기억이 안 나는데, 그다음에 청소년수련관에서 할 때에도 보니까 제가 처음 여는 장면을 항상 나가는데, 그런 게 없더라고요, '아, 떨리지는 않는구나'. 근데 언제 느꼈냐면 〈이웃〉 할 때는 제가 처음에 안 나가잖아요. 뒤에 있으니까 떨리더라고(일동 웃음). 그래서 '아, 이래서 떨었나 보다, 사람들이'.

애진 엄마   그거 진짜 너무 힘들어. 나는 3장에 나갔는데 그 1, 2장을 기다리는 동안 이 가슴이 쪼여 들어.

김태현   (애진 엄마를 가리키며) 그치, 시작하고 45분 동안 등장이 없거든요(웃음).

애진 엄마   그런 다음에 3장에 나오니까 죽을 것 같은 거야.

동수 엄마   언닌 그랬지. 나랑 언니랑 인제 1장에 안 나오니까 가만있다가, (먹는 시늉을 하며) 주현이 엄만 옆에서 계속 먹어, 떨리니까 (웃음).

김태현   떨리니까 긴장 푼다고 계속 드셨구나.

동수 엄마   그래서 영은 쌤이 "어머니! 시끄러워요" 하고(웃음). 그 뿌시럭거리는 거 신경 쓰였던 거야, 영은 선생님은.

애진 엄마   〈이웃〉에서는 처음에 나가잖아, 이게 처음 나가는 게 의외로 덜 떨리더라고.

김태현   그런 면이 있나 보네? 어.

수인 엄마   한번 나가면은 들어왔다가 자기 순서 되면 나가는데, 안 나가고 기다릴 때가 더 떨려.

애진 엄마   기다림이라는 게 너무 힘든 것 같아.

예진 엄마   아니 인제 어느 날은 공연하는 날 아는 사람이 온다는 날 있잖아요. 근데 그 사람하고 어디 있나 알면 안 돼. 공연하다 보면 객석의 그 사람을 내가 보게 되는 거예요. (애진 엄마 : 절대 보면 안 돼)

131
•

그럼 그때부터 더 긴장되는 거예요, 실수할까 봐.

애진 엄마   절대 보면 안 돼(웃음).

예진 엄마   그래서 만약에 남편이 오는 날이 제일 긴장이 돼요. 왜냐면, 집에 오면 꼭 지적질을 해요(일동 웃음). 다른 사람은 얘기 안 하는데, 몇 번 보니까 인제 "너 거기서 그렇게 틀리더라? 너 그때 뭐 빼먹었지" 뭐 그렇게 말을 해. 그래서 이 사람 오는 날은 '실수하지 말아야지' 이게 더 흐르는 거야. 그래서 어디 있나 안 찾아보게 되는 거예요.

애진 엄마   근데 그래서 우리 연극은 제일 많이 보셨어요. 대사까지 외워가지고 "너 대사 어디 틀렸다" 이렇게 말할 정도로.

김태현   가장 관람 많이 하셨어요, 예진 아버님(웃음).

예진 엄마   근데 많이 보니까 얘가 어디서 틀린다는 거 아는 거야.

동수 엄마   그런 거는 관심 있다는 거야. 우리는 한번 얘기를 않더라.

김태현   하지만 우리 수인 아버님께서 꽃다발을 탁.

애진 엄마   멋있었어.

예진 엄마   멋있었어. 우리도 처음에는 꽃다발도 안 가꾸[갖고] 왔어. 내가 사 오라고 강조했어.

수인 엄마   암튼, 처음이었어요.

김태현   난생처음?

수인 엄마	난생처음.
면담자	그게 어느 공연 때 가져오신 거예요?
김태현	〈이웃에 살고 이웃에 죽고〉 기획 공연, 대학로 공연 때였죠?
수인 엄마	예, 예.
예진 엄마	대박 멋있었어.
동수 엄마	멋있었어.
수인 엄마	처음이었어.
면담자	이 얘기는 아마 뒤쪽에 한 번 더 하실 기회가 있을 것 같아요. 이번에 순범 어머님은 어떠셨어요?
영만 엄마	첫 공[연]에서 집 잘못 찾았던 거 얘기해야지(웃음).
순범 엄마	일단 〈옷장〉은 그걸 딱 두 번 했는데, 처음에는 욕도 안 나오더라고. "야, 이런 씨바 다 치워버려" 뭐 어쩌구 [해야] 하는데 이게 안 나오는 거야. 욕이 안 나오는 거야, 이게. 제가 욕 잘하게 생겼잖아요. 생긴 게 겁나게 [욕] 잘하게 생겼죠잉. 근데 사실상 욕을 할 줄 몰라요.
예진 엄마	(애진 엄마 쪽을 보며) 잘하잖아.
순범 엄마	어(일동 웃음).
동수 엄마	그런 거짓말을. 언니 욕을 얼마나 많이 들었는데(웃음).

영만 엄마   그래. 언니, "씨이발", "조또" 이런 거 잘하잖아. 뭘 못 한대?

김태현   그니까 이게, 투쟁 현장에서 못된 놈들한텐 잘하는데, 관객들 착한 얼굴로 쳐다보는 데에선 욕을 못 하는 거예요.

순범 엄마   투쟁 현장에서는 하는데, 이게 욕이 안 나오는 거예요. 그래 갖고 나중엔 두 번째는 애진이 엄마를 툭 치면서 "뭐 빨리 들어가 이 새끼야" 맞지? "이 새끼야, 저 새끼야" 그지, 대사가?

동수 엄마   (손으로 때리는 시늉을 하며) "들어가 이 새끼야" 이러지.

순범 엄마   "들어가 이 새끼야" 이렇게 하는데, 때리고 하니까 이게 되더라고. (예진 엄마 : 맞어, 생각나) [그래서] "언니, 더 때려줘"(일동 웃음). 그때 이제 처음이라서 그 정도밖에 기억이 없어요. 내가 탁 때리면서 "들어가 이 새끼야" 하니까 너무 좋다는 거야. 그래서 한 번 때려본 적이 있어요.

예진 엄마   그렇게 하니까 뒤에 있던 제가 "알았어, 이 새끼야" 이러고 또 따라 들어갔어. 원래 그게 없었는데, (면담자 : 애드리브로요?) 네.

순범 엄마   욕이, 딱 때리면서 "야 이 새끼야. 들어가 이 새끼야" 이렇게 하니까 이게 딱 나오더라고, "알았어, 이 새끼야" 하고(웃음).

동수 엄마   그니까 깡패 용역을 욕 좀 하라고 시켰더니 욕을 못 하더라고.

순범 엄마   진짜 욕을 못 해. 내가 까죽 잠바 입고 그렇게 깡패 역을 딱 두 번 했습니다. 근데 너무 잘 어울렸대요.

면담자   첫 공연 느낌도 여쭤봐야 되니까요. 〈이웃〉 공연에서 대사가 많이 있는 배역으로 처음 출연하셨잖아요? (순범 엄마 : 네) 그때는 어떠셨어요?

순범 엄마   첫 공[연]을 내가 빼먹었어, 안 빼먹었어?

예진 엄마   저기 '혜화동1번지'에서는 안 빼먹고 예술의전당에서 통편집당했지.

순범 엄마   그건 왜 그런지 아세요?

면담자   서울 종로구 혜화동1번지 공연장에서 첫 번째 공연을 하셨고, (김태현 : 맞아요) 두 번째 공연이 안산 예술의전당에서 하셨군요. 거기서 아예 등장을 못 하신 거예요?

순범 엄마   아니, 입구를 못 찾았어요, 입구를 못 찾았어. 왜냐하면 저희가 이렇게 차라리 우리 가족이 아니면 [괜찮은데], 이렇게 가족 앞에서는 연극을 하기가 굉장히 떨리고 굉장히 몇 배는 (예진 엄마 : 부담 돼) 긴장이 되고 부담 돼.

영만 엄마   부담 돼.

애진 엄마   진짜 부담스러워.

순범 엄마   근데 혜화동에서는 가족들이 그렇게 많이 오진 않았고, 와도 안 보였어. 왔는지 안 왔는지 몰랐어. (동수 엄마 : 소극장이니까) 근데 내가 처음으로 한 거잖아. 근데 그래두 좀 우리 가족이 아니니까 좀 덜했어. 근데 여기 예술의전당에 와갖고 첫 공연을 하는데, 정말 아무것도 안 보였어. 막 미쳐 죽겠는 거야.

김태현 　　　객석에서 가족들을 발견을 한 건가요?

순범 엄마 　　아니 막 들어온다는 거는 이미 알고 있고.

김태현 　　　아아, 예술의전당은 우리 있는 대기실에 화면이 있어요, 로비를 비춰주는. 로비에서 이제 가족들이 입장하는 게 보이죠.

순범 엄마 　　어, 근데 그때부터 아무 생각이 없는 거야. 머릿속이 완전히 하얘진 거야. 그래 가지고 우리가 애진이 [엄마]랑 준영이 [엄마]랑 셋이서 첫 출발을 해, 그걸 끝내고 나오는데 [무대 세트에 있는] 집을 못 찾은 거야. 그래 가지고 그때부터 인제 막 긴장이 되고, 그다음에 내가 바로 나가야 되는데 그걸 못 나온 거야. 놓쳐버린 거야. 거기서 그걸 헤매고 와가지고 그때부터 (애진 엄마 : 그때 멘붕이 왔지) 멘붕[멘탈 붕괴]이 와가지구, 그 바로 나갈 준비를 하고 있어야 되는데 멘붕이 와버려서, 반을 이걸 통째로 확 날려먹은 거지. 이것도 꽤 길거든요. 이게, 꽤 길어요. 이걸 통째로 싹 날려먹었는데….

김태현 　　　무대에서 할아버지께선 기다리고 있고, (할아버지 연기 시늉을 하며) "어허, 부녀회장이 왜 안 오나"(일동 웃음).

순범 엄마 　　그래도 경력이 있는 이분들이 잘 대처를 해서 이게 무마가 됐어. 그거를 내가 평생 잊을 수가 없는 거야.

애진 엄마 　　우리도 못 잊어.

영만 엄마 　　아니야, 대처를 하려고 한 게 아니라….

예진 엄마   그때 인제 부녀회장이 나와야 되는데 그때 [무대에] 영광이 할아버지만 있었던 게 아니라 영광이 할아버지랑 몇 명 배우가 더 있었어요. 그리고 두 명이 나가면 이제 부녀회장이 딱 들어와야 되는 거예요. [그런데] 안 들어오는 거예요. 그래서 제가 "아유, 이 동네 이사를 잘못 왔네", 좀 크게 들리면 나올까 싶어서. 안 나오는 거예요. 근데 잘 무마가 된 게 아니라, 그때 감독님이 딱 "다음 커트부터 짤라서 하세요".

동수 엄마   감독님이 그냥 "컷" 짤라버렸어요.

영만 엄마   아, 그냥 넘어가라고?

순범 엄마   난 몰라.

동수 엄마   언니는 모르지. 그냥 넘어가자고 해서 넘어가 버린 거야.

예진 엄마   그날 진짜, (영만 엄마를 가리키며) 언니는 또 200몇 호로 들어갔어? (일동 폭소) 언니네 집으로 안 들어가고 언니가 203호로 들어간 거야.

영만 엄마   아무튼 그때는 내가 다른 집으로 들어갔네.

예진 엄마   그래서 동혁 엄마랑 뒤에서 "헉, 이 엄마 우리 집으로 들어왔어"(일동 웃음). 그래서 끝나고 나서 "언니, 우리 집으로 들어왔어".

영만 엄마   근데 난 그걸 모르는 거야.

김태현   끝까지 몰랐어. 근데 모른 건 잘한 거야. 오히려 알았으면 중간에 흔들렸을 수도 있으니까.

예진 엄마   그렇지, 그렇지.

영만 엄마   웅. 나는 몰랐어.

순범 엄마   나는 인제 중간에 흔들렸으니까 이게 통째로 날려먹은 거고.

동수 엄마   그날 리허설 때 내가 언니랑 똑같은 짓을 했었어요, 사실은. 아니 너무 캄캄하니까 입구가 안 보였었어요. 그거를 캐치하고 "입구 들어가는 걸 좀 쌤이 해주세요" 했어야 되는데 안 한 거야. 그럼 순범 언니도 막 실수 안 했을 건데, 그걸 지적을 안 했어 내가.

순범 엄마   깜깜하니까 하나도 안 보이는 거야. 우리는 깜깜한 거 싫어하잖아. 이 입구가 어디인지를 도대체 분간을 못 하는 거예요. 아유, 난 그때만 생각하면 아주…. 근데요, 좋은 점은 있어요. 실수하면서 그다음부터는 그 자리는 절대 안 빼먹잖아.

예진 엄마   나는 수원시청 [공연]에서 제가 퇴장했다가 떡 바구니 들고 바로 나와야 되는데 그때 까먹은 거예요. 음악은 계속 바뀌어서 나오는데, 다리도 물론 발가락도 쥐도 났었지만 사실 까먹었었어요. 그래서 한참 있다 나왔는데, 얼마나 긴장했을 거예요. 그래서 그 이후로 있잖아, 다들 대사를 누가 하면은 그다음 약간 공백 타임이 있잖아. 고 때만 되면 나는 가슴이 벌렁거리는 거야, 왜냐면 '이게 내 타이밍인가? 이게 내 타임인가?' 싶어서. (애진 엄마 : 맞아, 맞아) 그래서 그 긴장하는 게 생겼어.

동수 엄마   내가 실수한 부분은 긴장해요. 그 부분만 그래.

예진 엄마   아니 그 부분이 아니더래도, 이르케 약간 타임이 있는 그때만 되면 '이게 내 타임인데 내가 못 하고 있는 건가?' 이런 게 있드라고.

순범 엄마   그런 게 있어, 가족들이 보면은….

김태현   객석에 이제 가족이 계시면 더 떨리고.

순범 엄마   (동시에) 긴장이 정말 많이 되고 그때는 잊을 수가 없지.

예진 엄마   (동시에) 엄청 떨리지. (애진 엄마를 보며) 나만 그런 게 아니구나. 평가받아야 된다는, 평가받는 그게 있어서….

면담자   이번에 동수 어머니 얘기를 마저 듣고 잠시 휴식하겠습니다.

동수 엄마   그러니깐 저는 그러니깐 쇼케이스 때는 아줌마 역할을 했잖아요. 뭐 기억에 남는 게 별로 없어. 근데 그때 기억에 났던 거는 첫 공[연] 무대 올라갔는데 진짜로 캄캄해서 사람이 하나도 안 보였어요. 그러니깐 객석에 저밖에 안 보이니깐 '에이 씨 될 대로 돼. 뵈는 게 없는데' 하고 사실은 했어요. 그러니깐 연기를 대사만 외웠던 거죠, 그때. 그러다가 이제 저기 〈옷장〉 할 때, 수일이 [역]으로 처음 했을 때는 감정이입이 너무 동수한테 됐던 거야. 그러니깐 계속 '아들, 아들, 아들' 하다 보니깐, 처음부터 끝까지 맨날 울다가만 공연을 했던 것 같아요. 그러니깐 2장은 한 번도 안 울고 지나간 적이 없어요. 그게 저한테 조금 힘들었던 공연.

김태현   그러니깐 대사가 이게 별거 아닌 것 같아도 출근할 때 수일이가 엄마한테 "엄마, 이제부터 아들만 믿어. 아들이 다 책임질게" 이런 대사가 있는 건데, 별거 아닌 대사지만 엄마들한테는 그 대사가 굉장히….

동수 엄마   근데 그 대사가 너무 아픈 대산 거죠, 내 아들은 출근 못 하니깐. 나는 또 출근 시켜줄 수도 없고 그러니깐 거기서는 새 양복 입고. 제가 진짜 일부러 양복도 새 양복 가지고 왔어요.

김태현   일부러 새 양복 가져오셨죠.

동수 엄마   그러니깐 동수 아빠[에게] 14년도 전에, 14년도 1월인가? 13년도 겨울인가? 그때 30만 원 들여서 양복을 맞춰줬어요. 근데 그 양복을 내가 들고 나온 거야. 근데 그 양복이 지금 (순범 엄마를 짚으며) 이 집에 가가지고 지금 안 나오는 거야(웃음).

김태현   아, 그런 거야? 빨리 찾아와야 되겠네.

순범 엄마   내가 가져간 게 아니라.

김태현   우리가 가져다 놓은 거지.

순범 엄마   옷장 안에 들어가서 가져간 거예요.

동수 엄마   그러니깐 제가 왜 그랬냐면. 아들이 첫 출근하는데, 제가 그러니깐… 그 누구야 [〈이웃〉에서] 소리가 하듯이 똑같았던 거야. 너무 깨끗하고 좋고 새 옷을 입혀주고 싶었던 거야, 그러니깐 동수한테.

면담자　　　동수가 출근하는 것과 같이 그렇게 하고 싶어서.

동수 엄마　　예, 예. 거기 너무 감정이입 하다 보니깐, 동수 아빠 새 양복[을] 꺼내 와서 그걸 공연을 50회를 입었어요.

김태현　　　그러니깐. 50번 하는 동안 그거 계속 입고….

동수 엄마　　예. 50회를 입었는데, 근데 마지막에 딱 보니깐 (바지춤을 짚으며) 진짜 이런 게 있잖아요. (예진 엄마 : 떨어졌어?) 떨어졌어요. 너무 많이 입다 보니깐 여기 뜯어지고, 이런 데가 다 뜯어져 가지고 (웃음). 근데 그런 마음이 강했었어요.

면담자　　　동수에게 새 양복을 맞춰서 입혀주고 싶었던 어머님 마음이 저한테도 확 들어오네요.

영만 엄마　　그게 각자의 어떤 장면 장면마다 본인들이 느끼는 감정들이 따로 또 다르긴 하지만, 다 뭐든지 그걸 아이와 연관 지어가지고 그렇게 생각을 하니깐.

김태현　　　그쵸. 투영시키니깐.

동수 엄마　　만약에 제 배역이 아빠였으면 분명히 그냥 거기 있는 소품 입혔을 거야. 근데 이제 아들이고 첫 출발이다 보니깐 진짜 헌 옷 입히기 싫었었어요, 저는. 그러다 보니깐 이제 꺼내 입고 온 거야.

예진 엄마　　(한숨) 잘했어.

영만 엄마　　잘했어.

면담자　　　네, 그러면 잠시 휴식하겠습니다.

김태현   네. 고맙습니다.

(잠시 중지)

11
'블랙텐트' 공연에 대한 소회

면담자   작품을 시작하면 한두 번만 하는 게 아니고 한동안 순
회공연을 하기도 하셨죠? 〈그와 그녀의 옷장〉은 50회 정도 했다고 하
셨어요.

김태현   네, 〈옷장〉 하나는 50회가량 한 것 같아요.

면담자   그 기간이 어느 정도 되었나요?

영만 엄마   한 1년? 그죠?

김태현   그죠, 그죠. 그러니깐 우리가 11월에 대학로 공연을 했
잖아요. 사실 거기까지였어, 우리의 계획은. 근데 그거를 보더니 박주
민 의원께서 "은평구에 와서 공연해 줄 수 없겠냐" [해서] "어? 가서 할
까요?", "어, 좋다"고 그랬는데, 그래서 [충남] 당진 뭐 이런 데서 연락
이 와가지고 점점 이제 그 대학로 공연 이후에 그걸 본 사람들이 소문
을 내서 지방에서 연락이 오기 시작해서 "우리 연락 오는 데 웬만하면
다 다니자" 이렇게 결정을 하고 막 다녔던 것이, 2017년 3주기 그 어
간까지. 오, 얼마 안 된다, 그죠?

영만 엄마   네, 1년이 안 됐네.

애진 엄마	그리고 우리 목포에서도 하지 않았어?
예진 엄마	그건 7월.
김태현	'블랙텐트'에서도 하고 그랬는데.
예진 엄마	블랙텐트는 그다음 해 1월. 그지?
순범 엄마	대구에서 한 번 마지막 하고.
김태현	암튼 17년도 7월까지 다녔던 것 같애요, 〈옷장〉을 가지고.
면담자	어머님들이 공연을 시작하실 즈음에 최순실 게이트가 터지고, 순회공연하시는 동안이 박근혜 대통령 탄핵 정국이 펼쳐진 딱 그 와중이에요. (일동 : 맞아요) 그리고 특히 '광장극장 블랙텐트'라고 광화문광장에 마련된 곳에서도 공연을 하셨고요. 아무래도 어머님들께서도 계속 투쟁의 한복판에 계셨던 분들인데, 그런 내용을 가지고 공연을 한다는 점에서 감회가 남다르셨을 것 같은데요. 블랙텐트에서 공연하는 동안 특히 기억에 남는 경험이라든가, 어머님들은 어떤 느낌을 받으셨나요?

(잠시 침묵)

영만 엄마	그때 다른 건 모르고 날씨는 엄청 추웠던 건 기억이 나요.
동수 엄마	예, 엄청 추웠죠.
영만 엄마	엄청 엄청 추웠어요. 근데 나가니깐, 밖에 나가니깐 저녁때 사람들이 줄을 (손을 휘두르며) 쫙 서 있는데, 1시간 정도 전부터.

그게 좌석이 많지가 않았었기 때문에, 그렇다고 뭐 미리 예매를 하거나 하는 상황이 아니었기 때문에, 그 추운 날씨에 그 사람들 서 있는 거 보고 너무 감동을 받은 거예요.

동수 엄마   너무 놀랬지.

애진 엄마   그리고 저 같은 경우는 되게 아팠던 게, 그때 광화문에 텐트 쳐지기 전에는 부모님들이 바닥에 비닐 쓰고 누워 있던 그 자리였어요.

영만 엄마   그 자리지?

동수 엄마   그 자리지.

면담자   같은 시점은 아니죠? 어머님들이 광화문에 고립되고 하셨던 건 2015년 상황이니까요.

애진 엄마   예. 아닌데 그 생각이 나더라고요. 이제 블랙텐트에서 연극을 한다고 할 때 맨 처음에 그 생각이 딱 떠오르더라고. '아, 이곳에서 우리가 이렇게까지 할 수 있게 됐구나' 생각이 들더라고. 스쳐 지나가더라고, 힘들었던 장면들이.

동수 엄마   많이… 많이 지나갔죠, 감정이라는 게…. 광화문이었기 때문에, 광화문에 또 분향소도 있고 우리가 투쟁하는 그 현장이었고, 블랙텐트에서 그 공연은 아이들 앞에서 하는 느낌이었어요, 저는. 아이들 앞에서 하는 느낌이었고, 또 거기에 관객으로 오신 분들이 예술인들이 많았고, 현장에서 투쟁하신 분들이 많았어요. 그러니깐 제가 몰랐던 투쟁한 분도 있었고, 여러 분야에서 투쟁하신 분들 진짜 많았어요, 세월호 말고도.

김태현   거기에 온갖 텐트들이 다 있었어요.

동수 엄마   예. 온갖 텐트들이 애초부터 있었으니깐, 그분들이 와서 보면서 저희한테 힘을 주기도 하고 저희가 주기도 하고…. 그리고 또 한편으론 예술인들 사이에서 저희가 한다는 게 좀 미안하기도 했었어요.

예진 엄마   (웃으며) 우리가 감히.

동수 엄마   예. 우리가 감히 남의 걸 뺏어서 하는 것 같은 느낌.

영만 엄마   원래 그분들이, 블랙리스트에 올라간 그분들이, 예술인들이 원래 투쟁하느라고 거기 텐트를 치게 된 거잖아요.

애진 엄마   어쩌면 가족들도, 지금에[서야 표면에] 나타났잖아요, 사찰 막 그런 거. 가족들도 블랙리스트에 올라간 사람들이랬잖아요.

동수 엄마   아, 우리 가족들은 1순위였고(웃음).

애진 엄마   그 텐트에서 연극을 한다는 게 되게 감동이고 슬픔이고 또 아픔이었죠.

김태현   그래서 블랙텐트에 공연할 그런 예정이 생기면서 엄마들이 궁금해했어요. 궁금해했던 게 있었는데, "선생님은 블랙리스트인가요, 아닌가요?" (일동 웃음)

면담자   아, 이거 자존심 문젠데요.

김태현   그래서 "블랙리스트입니다, 예". (손을 뻗어 올리며 환호)

예진 엄마 　　　저는 그래서 자부심이 있었어요, (박수 치며) '아, 우리 감독님이 블랙리스트였구나'.

면담자 　　　그게 그 당시에 굉장히 중요했죠.

동수 엄마 　　　태현 쌤은 블랙리스트래서 좋아했고, [우리 작가 선생님인] 효진 쌤은 안 됐다고 "저는 아니에요. 자존심 상해" 이러고(웃음).

예진 엄마 　　　그거 빼도 박도 못하게 '안산 민예총 지부장 김태현' 이렇게 딱 있었죠.

김태현 　　　그렇죠, 그렇죠. 저는 이름이 두 군데에 들어가 있었어요. '배우 김태현'과 '안산 민예총 김태현'으로.

영만 엄마 　　　예술인이라면 거기 등록이 안 됐으면 예술인이 아니라고.

동수 엄마 　　　누가 그러더라고. 그 당시에 블랙리스트 1순위가 (김태현 : (공중에 서명하는 흉내)) 사인을 했냐, 안 했냐. 특별법 개정안에 사인을 한 사람, 안 한 사람 사이에서 한 사람들은 다 올라갔고요, 안 한 사람들은 현장에서 그런 투쟁한 분들도 안 들어가 있고. 그래서 김제동이가 안 들어가 있었던 거죠.

예진 엄마 　　　아, 그래서 자존심 상해했어.

동수 엄마 　　　김제동은 우리랑 같이 있는데도 그 사인에는 안 했었나 봐.

순범 엄마 　　　그 사인도 다 확인하나 보지?

동수 엄마   그런 거죠. 뭐는 안 했겠어.

면담자   아까 애진 어머님도 말씀하셨지만 어떻게 보면 박근혜 대통령 탄핵도 부모님들께서 세월호 투쟁을 가열하게 해오셨던 결과인 것 같아서, 사실 블랙리스트의 제일 앞자리에는 부모님들이 (영만 엄마 : 1번이지) 계셨을 거고, 그런 의미에서 블랙텐트 공연이 의미가 있었을 것 같아요.

동수 엄마   기억에 제일 남기도 해요, 거기서 한 게.

예진 엄마   그렇기도 하고, 그 기억 안 나? 그때 우리 대사 같네. 그 기억 안 나? 우리 대학로에서 막 [공연]할 때 촛불이 막 이제 확 (손짓으로 커지는 시늉) 불붙기 시작해서 사람이 막 모이기 시작할 때라서, 우리가 두 번째 공연인가 세 번째 공연 날인데, 마음은 거기 있어 가지고 막, (핸드폰 보는 시늉) [현장 상황을] 봐가면서 "가족들이 있다" 막 그랬잖아. 그래서 끝나고 나서 누구는 가고, 누구는 "가니깐 벌써 끝났다" 이러면서 다시 오고.

영만 엄마   [공연] 둘째 날인가 그랬어.

예진 엄마   우리가 촛불[집회] 거기 가야 되는데 못 가니깐 안절부절[못]하면서 공연했던 기억이 있어요.

면담자   그럼 어머님들은 공연하고 바로 광화문에 가셨겠네요?

영만 엄마   그것도 그렇지만 또 우리 연극을 보고 싶은데 그것 때문에 못 오시는 분들도 있었어요, 거기 집회 때문에 겹쳐가지고. 되게 중요한 집회였어요, 그게.

동수 엄마   아, 그 촛불집회야, 토요일마다 하는 그거.

김태현   또 재밌는 건 어쨌건 그 광화문 집회에서 촛불을 엄마들이 들고 있으면 전혀 모르는 사람들이 와가지고 "연극 잘 봤어요" (웃음).

예진 엄마   맞아, 막 아는 척 해.

영만 엄마   그것도 밤에. 그게 [2016년] 마지막 날도 기억나. 마지막 날에 왜 우리가 막 밥 나눠주는 거 할 때, (예진 엄마 : 카레) "저 연극에서 봤어요" (손을 흔들며 반가워하는 시늉) 막 그러면서 연극에서 봤다고 그러니깐 그런 것도 너무 좀 신기한 거예요.

예진 엄마   아니 진짜 너무 추우니깐 꽁꽁 싸매고 마스크 하고 막 이러고 있는데 막 연극 봤다고 이러니깐 너무 신기한 거예요, 알아보니깐.

면담자   그것도 여쭤보려고 했는데, 방금 영만 어머니가 말씀하신 게 '세월호 가족들의 심야식당'이었죠. (영만 엄마 : 네, 그날) 그건 누구 아이디어로 어떻게 진행된 거예요?

영만 엄마   그게 누구 아이디어인지는 잘 모르겠는데 어떤 의미였냐 하면, "늘 우리에게, 우리를 위해서 함께해 주시는 분들에게 우리 유가족들이 한번 그런 감사의 그 나눔, 한 끼 밥 나눔 이런 거를 하자" 그래 가지고. 그게 연말 말일 날이었잖아. 그렇게 해가지고 밥을 통인동[커피공방] 앞에서, 청운동 거기 동사무소 앞에 그 길에서 부모님들이 가가지고 카레밥 나눠드리고….

동수 엄마   저는 그때가 제사여서 못 갔고.

예진 엄마   그때 나는 했는데 사람들이 너무너무 좋아했고, 서로서로 힘받던 날이었어요. 날씨도 굉장히 추웠던 것 같은데 너무너무 좋았어요.

동수 엄마   그 당시에 제가 알기로는 촛불집회 할 때 가게 하시는 분, 또 통인동 사장님도 (영만 엄마 : '통인동 커피공방') 그 음식 나눔 많이 했어요. 그 와중에 "우리 가족도 한번 하자" 해서 한 걸로 알고 있거든.

영만 엄마   이제 저희들이 맨날 받기만 하니깐 그런 걸 갖다가 우리도 가족들도 그분들에게 감사하는 마음으로 "우리가 밥 한 끼 대접하는 걸 하자" 그렇게 해서 했는데, 어떻게 해서 기획됐는지는 잘 모르겠지만….

동수 엄마   근데 그거였을 거야. 제가 알기로는 합창단도 [시작한 계기가] 그거였어요. 제가 처음 합창단에 저도 끌려갈 뻔했거든. 그 도보[행진] 때 맨날 우리 힘준다고 밥을 받기만 한 거야, 도보 때. 그때가 이제 목포… 아마 목포였을 거예요, 그 장소가. 장소[가] 거기였고, 내려가는 길에 그러니깐 [시민들이] 막 힘주고 다 그러니까 이제 "우리 가족들도 힘을 주자" 그래서 [4·16합창단을] 결성해서 몇 명 올라갔는데 사람 모자란다고 제 손 잡고 막 올라가더라고. "저는 절대 못 해, 못 해요" 해가지고 "다른 거 할게요" 하고 안 올라갔거든.

예진 엄마   그때가 우리 도보 끝나고 거기 팽목 문화제 때 가족들 올라가서 보고, 그지.

동수 엄마　　예. 그러면서 그때 합창단이 정식적으로 하게 된 계기가 됐거든.

김태현　　전반적으로 암튼 굉장히 우연하게, 이 시기적으로 우연하게 된 거긴 하나, 우리가 〈옷장〉을 들고 서울에서 공연을 하던 시기가 탄핵 촛불이 이제 타오르던 시기와 맞물리고…. 그리고 우리가 어떤 거에서 또 느꼈냐면, 노란 리본을 달고 싶어도 못 달던 때가 있었는데, 그해 10월, 11월부터 또 사람들이 막 달기 시작하는 그 흐름이 있었어요. (애진 엄마 : 맞아요) 전반적으로 이 흐름이 다 극단의 활동하고 전혀 인과관계가 없음에도 불구하고 서로 막 시너지가 생기면서 (끌어모으는 손짓을 하며) 더 으쌰으쌰 (팔뚝을 움직임) 되고, 더 막 여기저기 공연 다닐 수 있는 힘이 되고 했던 게 있어서….

영만 엄마　　그때 대학로에서 처음 공연을…, 우리 같은 초연 배우들에게는 무리한 공연이긴 했지만, 그 공연으로 인해서 그다음에 공연들이, 더 많은 공연들을 섭외를 받게 되고, 궁금하게 되고…. 그러니깐 더 너무 잘했던 것 같아요. 만약에 그걸 안산 어디에서 했다고 하면, 물론 안산에서 본 사람들이 소문을 내곤 했겠지만, 그렇지만 그 대학로라는 곳에서 공연을 하게 된 게 굉장히 큰 아주 의미가 있었고 그게 어떤 불씨가 된 것 같아, 우리 '노란리본' 극단에.

예진 엄마　　우리도 자신감이 알게 모르게 생긴 거죠. '우리가 전문가들만 한다는 대학로에서?' (일동 웃음) 이렇게. '대학로에서, 나도?' (가슴에 손을 올리며) 내 자신이….

영만 엄마　　진짜, 진짜 예술인처럼.

동수 엄마   그치. 예술인들이면 한 번쯤 서보고 싶은 무대잖아요, 그러다 보니깐 좀 미안하면서도 좋았고 감동이었고. 그리고 또 이제 뭣보다 우리는 (잠시 침묵) 밑바닥에 있던 사람들이었잖아. 그런데다가 이제 대학로 서면서 봐준 사람들이 하나같이 칭찬하고 (김태현 : 박수 쳐주고. (박수 침)) 예, 너무 박수 쳐주니깐(박수 침).

영만 엄마   근데 거기서도, 지금 생각하면 엄청 못했던 것 같아 (웃음).

동수 엄마   못했죠. 이제 그런 상태 그런….

예진 엄마   (영만 엄마를 보며) 지금도 여전히 그래.

영만 엄마   그래도 지금은 많이 나아졌죠.

동수 엄마   그런 상태[에 있는] 분들이 그래도 남들 앞에 서서 '이렇게 하고 있습니다'[하고] 보여준 거였잖아. 그게 컸겠죠.

12
〈이웃에 살고 이웃에 죽고〉 공연:
불편한 이웃이 되어버린 엄마들이 겪는 연기의 어려움

면담자   그리고 박근혜가 탄핵되고 나서 그다음 공연을 준비를 하시게 되는데요. 그게 〈이웃에 살고 이웃에 죽고〉였죠. 이거는 언제 어떻게 결정하고 또 얼마나 연습을 하신 건가요?

영만 엄마   감독님이 얘기해 주셔야 되겠네(웃음).

김태현   2017년도… 2017년도로 넘어오면서 이제 우리도 '4월 정도까지는 〈옷장〉을 하지만 4월을 넘어가서는 새로운 작품을 해야 되겠다'는 필요성이 느껴졌고, 두 번째 작품을 할 때는 이게 '첫 번째 작품은 세월호 이야기가 아니었지만 두 번째 작품을 할 때는 우리 가족들의 이야기였음 좋겠다'는 것이었고. 〈옷장〉처럼 예전에 리딩 했던 작품들 중에서 그러니깐 세월호 이후에 달라져야 할, "참사 이전과 이후가 달라져야 된다"고 얘기하는데, 이후에 달라져야 할 것들 중에 이웃의 아픔을 공감하는 이웃 공동체를 만드는 게 또 굉장히 중요한 부분이라고 생각을 했고, 그 이야기를 하는 과정에서 가족들이 이웃들에게 당했던, 때로는 힘받았지만 (끌어오는 손짓) 당했던 것들도 좀 표현하면서 '우리는 어떤 이웃으로 살아야 하겠는가'에 대해서 얘기를 좀 물어보는 그걸 해보자라고 했어요. 〈이웃에 살고 이웃에 죽고〉는 원래 101호, 102호, 103호만 있는 작품이에요. 104호를 하나 더 만들어서 여기 이제 가족이 들어가는 거죠. 그랬을 때 어떤 변화가 나타나는지를 가지고 각색을 한 거예요. 근데 각색 과정에 엄마들의 이야기를 다 두루두루 반영을 시킨 거죠. 뭐 예를 들어서 회사에서 밥을 먹는데 동료들이 (피하는 시늉) "딴 데 가서 먹자" 하면서 약간 안 좋은 얘기를 하는 것들이라든지, 이런 동수 엄마가 겪은 일들, 뭐 누가 겪은 것이든 다 모아서 각색을 딱 해가지고 고민하게 된 거죠.

면담자   이게 또 시기를 맞춘 건지, 정권이 바뀌고 나서도 진상규명이라든가 생명안전공원 등의 문제들이 부모님들 생각했던 것만큼 (김태현 : 맞습니다) 진전되지 못하고 오히려 안산에서는 2018년 지방선거 때 "세월호 납골당" 같은 발언들이 나오고 하던 시기와 공교롭

게도 또 맞물렸어요. (김태현 : 그러니까요) 이 연극을 준비하시는 과정에서 어머님들 본인의 경험들도 모았다고 하셨는데, 어떤 경험이 어떤 장면으로 반영되었나요?

영만 엄마   (애진 엄마에게) 공장 씬 이런 거 얘기해 봐. 난 그런 거 잘 몰라, 공장 씬 이런 거.

순범 엄마   나도 공장을 안 다녀봐 가지고.

예진 엄마   아 근데 그… 그 뭐지? 작년에 지방선거 때 세월호 활동을 열심히 하시는 분이 안산에서 시의원으로 후보로 나갔었거든요. 근데 그분이 나간 목적이, 우리 그때 공연할 때였을 거야, 아마. 근데 시청에서 그… [생명]안전공원에 대해서 그렇게 다 이야기 듣는 그런 [공청회] 시간이 있었는데 너무 어처구니없는 일들이 벌어지고 그래서, 이렇게 '시민의 한 사람으로 앞에 나가서 결정을 할 수 있는 사람이 되어야 되겠다' 이래서 그런 마음으로 출마를 한 거거든요, 그분이. 그래서 "세월호 일을 하겠다"고 하고 그 전에도 열심히 했고, 그래서 장애진 어머님이랑 저랑은 "그럼 옆에서 같이하겠다". 근데 되게 말렸어요, 저를. 그분이 "너 상처받는다"[라고]. 그리고 그 지역구가 "납골당"을 엄청 얘기하는 동네거든요. 근데 그분도 저희 힘들 때 와서 그렇게 같이해 줬는데, '어떻게 보면 힘들겠지만 이게 우리 안전공원에 대해서 한다는데 피해야 될 일은 아니다'라고 생각을 했어요.

근데 제가 오히려 그분한테 "일단 [노란 리본] 배지를 빼고, 일단 당선부터 된 다음에"[라고 했어요]. 왜냐하면 돌아다니다 보면 "다 좋은데, 후보님은 굉장히 말씀도 잘하고 똑똑하실 것 같고 이 지역을 위해서 엄청 일을 잘할 것 같은데, 그 배지만 빼라. 그 배지만 빼고 그 [생명안전공원] 일만 안 하면 뽑아주겠다" 그런 분들이 되게 많았어요. 그래서 제가 그게 걱정이 돼서 "일단, 일단 당선부터 되고 그다음에 일해도 되니깐 일단 이거 빼고 하자" 그랬더니 자기는 싫대요. "이거를 뒤에서 숨어서 하는 사람들은 뽑아주지도 않을 뿐더러, 자기는 아이들한테 너무 떳떳하지 않을 것 같다"고 자기는 더 당당히, 그래서 포스터 사진도 배 올리는 사진 찍고 (들어 올리는 팔 동작) 그래서. 근데 결국은 그분이 그런 이유로 떨어진 거는 같애요.

근데 다니면서, 다니다 보면 엄청 얘기를 많이 들었어요, 막 거품을 물면서 "납골당 반대". 그러니깐 그 〈이웃〉 작품을 하면서도 그런 사람들이 자꾸 생각이 나는 거예요. 물론 저는 그 전에 이웃들이 너무 무서워서 안산을 피해 다니고 그랬던 사람인데, 조금씩 조금씩 이제 이웃들하고 적응을 하면서 조금씩 조금씩 술도 먹으면서 이렇게 이렇게 해서 조금씩 이제 다시 그분들하고 이렇게 만나는 상황이었는데, 그… 6·13 지방선거 때 돌아다니면서 그 마음이 다시 다치기 시작한 거예요. 너무너무 무서웠던 거예요. 그래서 같이 다니면서 이렇게 피켓을 들고 가서 설명을 하고, 안전공원에 대해서 설명을 하려고 하면, 제가 당사자인 줄 모르고 진짜 말도 못 하는 말들을 많이 해요. 그러면 저는 이제 무서우니깐 멀리 가면, 이제 이분이 애진 어머님이 서서 설득하고, 그러면 "왜 거기서 그러고 있냐"고 "그냥 오지" 하면, 그러면 [애진 엄마가] 울먹울먹해 가면서 "몰라서 저러는 거"라고 막 설명을 해주고…. 그때 〈이웃〉 작품을 해가면서 그 사람들하고 많이 이렇게 겹쳐져서, 어… 힘들었죠. 그래서 그때 당시에 안산에 진짜 내가, "오래 살아서 떠난다는 사람 다시 오면 맞아준다" 그랬었는데 그때 처음으로 안산을 떠날 생각까지 했었으니깐, 징글징글해서. (김태현 : 지방선거 때) 예, 너무 상처를 받아서.

면담자 〈이웃〉 작품을 공연하는 동안 이웃에게 다시 상처를 받고 '이웃을 떠나야지' 생각까지 하신 거네요.

예진 엄마 예. 그때 이제 조금씩 그전에 알던 지인들 다 끊어졌죠. 또 이제 세월호 유가족이 되다 보니깐, 주변 사람들 경계하고 하다 보니깐 우리 가족들하고 이렇게밖에 없었는데, 활동하는 사람들도 제가 이렇게 (손날로 책상을 치며) 벽을 많이 뒀었어요. 그러다가 쪼금씩 쪼끔씩 마음을 쪼끔씩 열어가면서 이러던 상태였는데, 6·13 지방선거 때는 다시 이게 막 닫아지더라고요. 그… 옛날 2014년 참사 나고 14, 15년 요 때 감정들이 막 다시, 다 죽이고 싶고 막 너무 분하고 그런 마음들이 많이 들면서, 이 작품을 할 때 그래서 공연을 하면서 그 나쁜 이웃들, 이웃에 죽는 그런 이웃들 생각할 때 그 사람들[을] 되게 많이 생각하게 됐어요. 그러면서 이웃에 사는, 이웃 때문에 사는 역할이 영광이 할아버지였잖아요. 그래서 이렇게 유가족인 순애를 봤을 때 더 진심으로 측은하게 봐졌죠. 그게 진짜 진심이었거든요.

영만 엄마 근데 실질적으로는 이 〈이웃에 살고 이웃에 죽고〉 이 작품이 지금처럼 어… '안산에 있는 사람들이 더 많이 이 공연을 봤으면 좋겠다'는 바람이 진짜 많았거든요. 근데 실질적으로 안산에서 공연을 저희가 그렇게 많이 하진 못했고…. 직접적으로 안산에서 막 세월호에서 적극적으로 관심 있는 사람들은 어디서 저희가 무얼 하든

다 찾아와서 봐요. 그러신 분들 외에는, 그렇게 안산에 우리가 설득하고 그런 분들을 만나지 못한 것 같아서 저는 지금도 그게 되게 안타깝고…. 뭐 이 공연이 정말 세월호를 이야기할 수 있고, 우리가 지금 이야기한 것처럼 우리가 전하고 싶은 이야기를 아주 많이 담지는 못했지만, 그래도 이렇게 마음을 건드릴 수 있을 만큼의 그런 충분한 소재는 분명히 그 안에 뜻이 있다고 생각을 하는데, '더 많이 보여줄 수 있으면 보여주고 싶다'는 생각은 들어요. 지금 저희가 그때도 얘기했지만, 이 작품이 너무 좋다 보니깐 오랫동안 정말 뭐 아주 몇백 회, 오픈런이라고 하나? 뭐 이렇게 '언제든지 누가 이 공연을 보고 싶어 하는 사람들이 있다 그러면 그때도 이 작품을 놓지 않고 보여주고 싶다'는 마음을 가지고 있어요.

면담자　　　제 개인적인 감상을 말씀드리자면, 극에서 세월호와 부모님들을 어려워하는, 불편해했던 이웃들이 점점 이해를 넓혀가고 공감을 하게 되는 스토리가 되게 좋았어요. 그런데 당사자이자 동시에 연극을 직접 하는 배우로서, 부모님들의 반대편에서 부모님들을 불편해하는 이웃들의 모습을·연기하시면서 어떤 느낌이셨을지 궁금해요.

영만 엄마　　　(애진 엄마를 쳐다보며) 악역 한 사람이 해(웃음).

애진 엄마　　　아니, [제가] 동료 역할을 하잖아요. 어, 나 또한도 그랬어요. 지금 여기는 없는 준영이 엄마는 그 역 할 때마다 너무 힘들어했어요, 저 또한도…. 아, 그 역 하고 나면 진짜 '내가 나쁜 사람이 되어 있다'는 생각이, '혹시 내 안에도 그런 생각을 하고 있지 않을까' 하는 생각에서…. 그러니깐 60회를 넘게 연극을 하면서도 연극이 끝나고 집에 갈 때 되새김질을 해요, 차 안에서. 너무 힘든 거야, 그 자체가.

김태현		장면을 연극할 때 못되게 연기를 해야 되잖아요. 근데 못되게 연기를 하고 나면 '아, 내가 이렇게 못될 수가 있나? 내가 이렇게 못되게 연기를 할 수 있는 사람이었나?' (웃음)

애진 엄마		예, 그게 나한테 오는 것 같아요, 그래서(한숨). 갈 때 있잖아요, '어, 내가 진짜 나쁜 사람인가? 진짜 내가 못된 사람인가?' 어쩌면 내가 유가족이 아닌 생존자 엄마가 그런 대사를 하고 있잖아요. (한숨을 쉬며) '진짜 난 못된 사람인가?' 나 스스로가 '혹시 내 안에도 그런 생각을 하고 있을까? 이런 생각을 하면 안 되는데' [하는 생각을] 너무 많이 했던 것 같애.

동수 엄마		그거 보면서 차라리 [애진 엄마 대신] 내가 할걸' [하는] 생각[이] 들었었어요. (김태현 : (한숨을 쉬며) 그러니깐) 그러니깐 '제가 당했던 거다 보니깐 오히려 덤덤하게 하지 않았을까?' 미안하더라고요. 그니깐 어떻게 보면 '분명히 우리랑 또 입장이 다르니깐 더 아프지 않았을까?' 그러니깐 사람마다 그렇잖아요. 제 감성이랑 준영이 엄마 감성이랑 언니 감성이 다르잖아요. 그니깐 '차라리 내가 했으면 견디지 않았을까?' 싶기는 하더라고, 그 역할을.

김태현		연출자가 판단을 할 때 (낮은 높이 손짓하며) 이거 생각하고 (중간 높이 손짓하며) 생각하는데 (높은 높이 손짓하며) 이것까지 생각을 못 한 지점이었던 것 같아요. 그러니깐 예를 들면 '유가족, 말하자면 아이를 잃어버린 엄마한테 이 대사를 시키는 것보다 애진 엄마가 더 낫지 않을까'라고 생각했는데 오히려 죄책감의 굴레 속에 빠

저들 거라고까지는 생각 못 했는….

동수 엄마　　저도 그거 동료 역할도 그렇지만, '차라리 순애 [역]도 동혁이 엄마 아니고 차라리 우리 중에 엄마가 했으면 낫지 않았을까' 그 생각도 좀 들긴 했었어. 그러니깐, 물론 동혁이 언니가 순애 때문에 힘든 것도 있고 다른 것 때문에 힘든 것도 있었지만, 어떻게 보면 원치 않았는데 유가족이 된 거잖아요, 극 속에서. 우리는 어차피 유가족이었잖아, 그러다 보니깐 '받아들이기 힘들지 않았을까…' 제 개인적으로는. 제가 지금 말하는 '저나 우리 엄마들이 했으면 더 낫지 않았을까' 생각은 했었어요.

애진 엄마　　그리고 〈이웃에 살고 이웃에 죽고〉를 하면서 전 처음에는 몰랐거든요. 시간이 지날수록 저는 트라우마가 좀 심해져 갔어요(웃음).

김태현　　그 나쁜 얘기를 하는 것에 대한?

애진 엄마　　모든 거에 다(잠시 침묵).

김태현　　아 그래요? 어….

애진 엄마　　그 대사도 그렇고, 조금 심해졌어(울먹이며). 그래서 약을 좀 먹기도 했어요. 처음 얘기하는 것 같은데(웃으며).

김태현　　제가 죄인입니다.

애진 엄마　　근데 그게 현재 이만큼(낮은 손짓) 했다가 이만큼(높은 손짓) 진행해 가는데 커져버렸던 거….

예진 엄마   (애진 엄마를 껴안음)

애진 엄마   (예진 엄마 쪽으로 쓰러져 안김)

동수 엄마   근데 그게… 배역 때문이었던 것 같기도 해요. 저는 솔직히 제가 봤을 때는, 저는 제가 1년 동안 [〈이웃〉의] 소리 [역의]로 살면서 어떻게 보면 [〈옷장〉의] 수일이 [역]일 때보다 더 편했어요. 저한테 소리는 [동수 동생] △△이였거든. 이 극에 은주 씬 빼놓고는 나머지 다 △△이만 보였어요, 솔직히. 내 아이 아픈 것도 보였고, 내가 내버려 뒀던 그 몇 개월, 1년간 사이에 딸 모습도 보였고, '아… 나만 40대 초를 잃어버린 게 아니라 △△이도 청소년기를 잃어버렸구나' 그게 보였어요. 내 아이의 그 잘막잘막한 게 다 보였거든, 저는. 그니간 저는 솔직히 1년 동안 △△이로 보였고, 내가 그 18살 때로 돌아갔었어요. 제가 엄마 밑에 컸던 그 학창 시절, 물론 학생으로 살았기 때문에 그랬던 것 같애. 그러니깐 배역이 컸던 것 같아요.

예진 엄마   그냥 그 역할 할 때는 그렇게 되는데, 딱 끝나면 거기서 빠져나와지던데….

영만 엄마   그러니까. 근데 저는… 배역 자체가 제일 발랄하고 혼자 쾌활하고 유쾌한 거여서 이렇게 힘들거나 그러지는 않았던 것 같아요.

예진 엄마   그러니까, 처음 알았어.

동수 엄마   그게 배역이 가진 그거였던 것 같아.

영만 엄마   그런가 봐요. 응, 배역 특성상.

예진 엄마   저도 영광이 할아버지 [역]여서, 따뜻한 사람이어서 그랬는지 몰라도 그냥 거기서 딱 나오면, 연극에서 딱 나오면 그냥, 그냥… 그랬었지, 이렇게 힘든 줄은 몰랐거든. 〈옷장〉에서도 마찬가지였고.

영만 엄마   그렇지, 맞아. 이렇게 빠져서 살 줄은….

애진 엄마   그 대사도 빨리 쳐버리고 싶은 거예요. (손짓을 빠르게 하며) 빨리 다다다닥 해버리고 싶다는 생각이…, 빨리 해버리고 싶다는…….

동수 엄마   아니, 가면 갈수록 언니 대사가 강해져 갔었어. 그게 보여졌어. 처음에 했을 때는 그렇게 강하지 않았는데 횟수가 지나면 지날수록 그 동료 역할이, 언니가 더 강하고 다이렉트하고 하더라고.

애진 엄마   그리고 태현 선생님이 나한테 그랬잖아, "좀 더 강하게 해야 된다"고, "그래야지, 진짜 못돼야지만이 이렇게 된다"고. 그러니깐 못돼지면 못돼질수록 나는 힘든 거야(웃음).

수인 엄마   (예진 엄마에게) 자기 물 뿌릴 때도 거침없이 착 이렇게….

동수 엄마   그러니깐 [배역에] 빠졌던 것 같아, 제가 봤을 때는.

예진 엄마   근데 물 뿌릴 때하고는 또 다른 게, 용역 깡패가 노동자한테 뿌리는 거하고 세월호 유가족한테 직접 하고는 이건 차원이 틀린 거지.

동수 엄마   다른 거야, 맞아요.

예진 엄마　　　나는 그 순간이 너무 미안했던 거지, 사실 노동자한테 미안하지는 않았어. (영만 엄마 : 감정으로) 근데 언니는 세월호 가족들한테조차도 미안했던 거 아냐?

수인 엄마　　　아니 객석에서 대놓고 욕을 한대, 준영이가 있는 그 중간에 나쁜 저기를 하니깐.

애진 엄마　　　그래 준영이가 들었어. 준영이가 나 때문에 엄청 힘들어했어.

예진 엄마　　　연기를 잘한다는 거야.

애진 엄마　　　그리고 그 연기 들어갈 때 [무대 뒤에서] 준영이하고 나하고 식판을 들고 손을 꽉 잡고 (손잡는 시늉하며) 이렇게 하고 들어가는…….

김태현　　　객석에서 관객이 추임새 삼아서 욕을 하니까.

수인 엄마　　　근데 바로 하면, [무대에서] 다 들려버리니깐.

영만 엄마　　　이 대사 하고 배역 하고 있는 사람한테, 배우한테.

수인 엄마　　　"아, 진짜 나쁘다", 예를 들면 뭐 "시팔" 하고 그렇게 바로 욕을 해버리니깐.

김태현　　　연기를 잘해서 그런 거네(웃음).

애진 엄마　　　준영이는 자기가 더 밉대, 거기서 거드는 자기 자신이. 준영이하고 나하고 얘기할 때 그러더라고. 차라리 "거드는 내가 더 밉다"고 막 그런 얘기를 하더라고.

면담자   이 부분이 되게 배우로 나섰지만 동시에 당사자 부모님
인 분들이 특히 어려운 지점인 것 같네요.

영만 엄마   근데 이거는 특성상 어떤 다른 극단의 배우들은 아무
상관이 없을 거예요, 이런 연극을 올린다면. 근데 우리는 세월호 가족
진짜 당사자 엄마들이기 때문에 어떤…, 어떤 류의 연극을 한다고 하
더라도 이런 아픔과 슬픔은 늘 있겠죠, 이 극 속에.

예진 엄마   그리고 또 연관 지어서 보시겠죠, 그 관객들이.

영만 엄마   그러니깐 '세월호 엄마'라는 거, 그래서 저희가 늘 얘기
하는 게, 우리가 세월호를 이야기하지 않지만 엄마들이 무대에서 노
래를 하거나 연극을 하거나 할 때는 우리가 세월호를 전하고 있는 거
잖아요. 그런 의미에서도 이것이 큰 의미의 활동으로 생각을 하고 있
는 거죠.

동수 엄마   근데 내 입장에서는 언니도 그렇고 동혁이도 그렇고 너
무 아파 보여서 "빨리 내리자"고 그 소리 몇 번 했었어.

애진 엄마   진짜?

김태현   〈이웃〉 공연?

예진 엄마   예. [연기하면서] 너무 아팠기 때문에.

애진 엄마   근데 이게 너무 아프지만….

영만 엄마   그러니깐 보여주고 알려야 하는 이야기고.

애진 엄마   〈이웃에 살고 이웃에 죽고〉만큼 세월호의 가족들을 이

렇게 얘기할 수 있는 게 없는 것 같아.

예진 엄마   그러니깐, 우리 더 아팠으니깐, 나는 더 알리고 싶었긴 한데…….

동수 엄마   알리고 싶은 욕심도 컸지만 언니들이 힘들어하는 게 너무 난 보였거든.

영만 엄마   (애진 엄마에게) 한번 [역할을] 바꿔서 해볼까?

애진 엄마   나는 잘 표현 안 했었는데, 집에 가서 많이 울었어.

예진 엄마   그치, 알지.

김태현   바꿔서 하면 재밌을 것 같아요.

예진 엄마   공연까진 아니더래도.

면담자   저는 연극은 잘 모르지만 연출가로서 이런 상황들은 난감하지 않으실까 싶어요. (영만 엄마 : 난감하시죠) 무대에서는 배역이 우선돼야 하는 배우들이신데, 그럼에도 누구 엄마, 누구 엄마 이런 식의 정체성을 더 강하게 느끼면서 연기를 하시니까 좀 딜레마인 입장이 있을 것 같아요.

김태현   예, 4·16가족극단 '노란리본'의 연출이 숙명적으로 가질 수밖에 없는 지점이 뭐냐면, 저는 어떤 관객한테 "너무 잔인하다"는 얘기도 들었었거든요, "연출가가 잔인하다". 왜냐면 "저 아픈 사람들에게 저런 대사를 시킬 수 있냐, 어떻게" 그런 것들이 늘 저에게는 딜레마로 있고, 그리고 또 너무 죄송스러운 일이기도 하고. 이러면서도 이제 우리가 〈이웃에 살고 이웃에 죽고〉라는 연극 작품을 통해서 관객들에게 전반적으로 어떤 에너지를 전해주는가에 대해서는 또 어머님들이랑 충분히 합의하고 또 충분히 동의한 부분이 있기 때문에 이제 요거를 믿고 추진하는 측면이 있어요. 디테일하게…, 저는 이제 공연이 진행되는 동안에 한 번도 무대 세트 안쪽에 가 있어 본 적이 없고 늘 객석에 있거든요 늘. 왜냐면 공연이 어떻게 진행되는지를 정확하게 봐야 하기 때문에. 그래서 무대 세트 뒤편에서 엄마들이 대기하는 동안에 뭐 때매 어떻게 슬퍼하고 힘들어하는지에 대한 어… 이해를 좀 많이 못 했던 부분들이 있었던 것 같고. 그건… 모르겠어요. 그건 어쩌면 일부러 그런 것도 있어요. 〈비공개〉

애진 엄마　〈장기자랑〉 할 때도 막 이런 일 있으니깐 (수인 엄마를 가리키며) 언니가 얘기해 줬잖아. 잠을 2주 가까이 못 잤다고.

수인 엄마　(노래 부르며) "다시는 안 살어…".

애진 엄마　(노래 부르며) "다시는 안 살어…".

수인 엄마　근데 그런 거는 있는 것 같아요. 일반 사람들이 아닌, 물론 어떤 거든지 간에 힘들지만, 우리가 정말 초연하게 연기를 하면은 우리가 굳이 "우리를 잊지 말아주세요" 뭐 그런 말을 하지 않아도 우리 몸짓에서 사람들이 얻어가는 거는 우리가 말로 했을 때보다 한 열 배, 스무 배 넘게 그게 전달이 되는 것 같아요. 이렇게 아마 감독님도 그런 거를 보고 우리한테 그렇게 시키셨을 것 같은데…. 우리가 이 연극을 하면서 이제 조금 더 감성이 좀 열리다 보니깐 이렇게 많이 좀 더 (끌어오는 손짓) 느끼는 거고, 만약에 우리가 연극을 안 했어도 이런 비슷한 거는 어차피 이 일이 해결돼서 우리 마음에 흡족해질 때까지는 숙명적으로 느낄 수밖에 없는 구조라고 그런 생각은 했었어요.

영만 엄마 근데 사실 간담회나 이런 거보다 엄청난 전달력이나 파급효과가 분명히 있다고 봐요, 이 연극이나 뭐 합창이나 이런 것들이. 그래서 물론 다들 힘들고, 내 자신 스스로도 힘들고 이렇게 하더라도 어차피 이거는 정말 사명처럼 죽을 때까지 우리가 진상 규명을 위해서 뭐라도 [해야 한다고], 제가 이거를 안 하더라도 가족협의회나 뭐 다른 활동이라도 무언가를 분명히 해야 된다고 생각을 하기 때문에, 이 연극을 통해서 그냥 그렇게 세월호를 이야기하고 있는 거라고 그렇게 또 생각해요.

김태현 고민이, 고민이 늘, 늘 있어요. 이 작업이 가지고 있는 본래적 크기가 굉장히 크기 때문에, 이 의미의 힘만으로도 충분히 할 가치가 있지만, 이걸 하는 과정에서 사람 한 명 한 명이 상처를 입거나 사람 한 명 한 명이 힘들어질 때 '이걸 어떻게 이 힘듦을 해소해 가면서 갈 수 있을까?'까지 가야 되는데, 그런 부분에서 부족한 부분이 있어서 늘 고민이 되는 게 있고…. 때로는 아주 사소한 부분에서 위로를 받기도 하는데, 예를 들면 이제 "거기 나오는 대사들이 되게 나쁜 대사들이지만 실제로 따지고 보면 굉장히 순화된 대사들이다"라고 말씀을 해주시더라고요(웃음). '아, 그러면 뭐 괜찮지 않나' 스스로 뭐 자위하면서 그렇게 넘어가기도 하면서 했었던 것 같아요, 예.

면담자 순화된 장면이 예를 들면 어떤 장면인가요?

예진 엄마 그거죠, "[보상금이] 10억인가, 20억인가" 그 대사를 처음에 작가님은 표현을 못 했었어요, 가족들 상처 될까 봐. 우리는 아니라고, "우린 더한 소리도 들었으니깐 더 하셔도 된다"고. 그래서 들어간 부분도 그거였었고. (동수 엄마 : 맞아요) 또 몇 가지 그런 게 있어요.

동수 엄마   그거도 있고, 전도사가 와서 문 뚜드렸는데 순애가 나오니깐 도망가 버리잖아요, 그것도 사실 순화된 거거든.

김태현   그렇죠, 그렇죠. 그건 동혁 엄마 사연이었죠.

동수 엄마   이게 제 사연도 되는데, 저는 이제 집이 시화였어요. 시화다 보니깐 저는 집에 가 있고 그러다 보니깐 사실 세월호 가족들하고 왕래도 없었어요. 가끔 이제 7반에서 국회에 올라가서 지키는 활동 아님 법원 가는 거 그 정도만 했거든. 그러다 보니깐 제가 집에 있는데 뭔가 해야 될 것 같아. 죽을 거 같은 거예요. 근데 아파트 밑에 보니깐 "뜨개질 해주세요"[라고] 붙어 있더라고요. 그러니깐 '유니세프'였어요. 그래서 제가 전화해서 "이거라도 해줄 테니깐 갖고 오세요" 했어요. 얘기하다가 저를 막 사주를 봐주겠대, 그분들이. 근데 교회 분들인데 사주팔자를 봐주겠대요. 근데 제가 어떻게 봐요, 그 상태에. 근데 막 봐주겠대. 아, 내가 얘기했어요 이제, "저 사실 세월호 유가족이다. 그래서 안 보겠다" 그랬더니 그때부터 막 손을 잡고 울기 시작하더니 (손을 잡는 시늉) 그다음부터 안 와요. 그리고 (영만 엄마 : 어, 진짜) 네. 그래서 저희 집에 그 [뜨개질] 모자만 있어요. 도망가 버린 거야.

영만 엄마   감당하기 힘들었나 보지.

동수 엄마　　　감당하기 힘들었던 거야. 근데 그때 두 분이 오셨는데 다 유니세프고 교회 다니세요. 근데 한 분은 3년 전에 아이를 잃었대요. 그래 가지고 집에만 있다가 자기도 나와서 유니세프 다니면서, 사람 전도 다니면서, 그러니깐 사실 전도하시는 분들이야. 유니세프 그거 끼고 전도하시는 분들인데 "이렇게 다니면서 살아났다"고 그 얘기 하시면서, 해놓고는 안 와버린 거야.

예진 엄마　　　그래서 불편한 관계잖아. 불편한 유가족이잖아요. 그래서 진짜 그랬거든요. 나름 우리 지역은 아니지만 밖에 갔을 때 "세월호에 대해서 진실을 밝혀야 된다"고 이렇게 했던 사람이 (말을 거는 것처럼 몸을 기울이며) "직접 앞에서 유가족은 처음 봐요"(한숨). 우리가 뭐 어떻게 이상하게 생긴 사람들이라고 상상을 했던 것처럼 말을 하는 거예요.

동수 엄마　　　특별한, 특별한 사람들이 아닌데.

예진 엄마　　　(말을 거는 것처럼 몸을 기울이며) "앞에서 이렇게 직접 유가족을 처음 봐요", 그 좀 너무 어이가 없었어요. 그래서 내가 우리 반 엄마한테 그 얘기를 했더니, "참나 어이없어. 안산에 널렸다 그래. 안산에 한번 와보고 그런 소리 하라 그래". 그러니깐 "진짜 안산에 한 번도 안 와봤던 거 아니냐?" 이렇게 그 언니가 화가 나서 비꼬면서 얘기를 한 거죠(웃음). (어깨 으쓱하며 너털웃음) 좀 그랬어요.

동수 엄마　　　그러니깐 어처구니없는, 전 그런 경험이었거든.

영만 엄마　　　그래, 어처구니없겠다.

13
연극을 본 관객들의 반응과 후기

면담자　　어머님들의 공연은 관객들과의 대화 시간을 간담회도 겸해서 진행된 경우가 꽤 있었는데요. 그럴 때 관객들로 온 일반 시민들의 반응에 대해서 어떻게 생각하셨나요? 혹시 일반 시민들이 어머님들의 연극에서 기대하는 바가 뭐였다고 생각하셨나요?

영만 엄마　　뭐 우리 연극 극단에 대해서 막 배우로서 기대를 하는 건 아니겠죠?

동수 엄마　　그죠. 저희 불러주신 분들은 사실 어떻게 보면 다 세월호 활동하신 분들이잖아요. 엄마들 모셔놓고 얘기하고 싶으니깐 그런… 컨셉[콘셉트]을 만들어서 연극도 보고 같이 대화하고 싶어서 만든 그런 공연 기획이었기 때문에.

영만 엄마　　뭐 그런 거일 수도 있고, 아니면 지역 같은 데에서 활동하는 데 있어서 약간 힘이 좀 동력이 좀 떨어지거나 그럴 때 이렇게 세월호 가족들을 모시고 뭐 간담회든 이런 연극을 통해서 사람들을 다시 한번 더 이렇게 (두 손으로 무엇인가를 받치는 시늉) 부추길 수 있는 그런 자리를 마련하고자 할 때 그런 의도에서도 부르시는 분들도 분명히 있을 거라고는 봐요.

예진 엄마　　그리고 의미를 굉장히 많이 찾아요. 뭐 대구면 대구 뭐 광주면 광주 이렇게 활동하시는 분들이면, 옛날부터 참사 초기부터 지금까지 계속하시는 분들이 4·16 가족하고 따로 이렇게 연대하시는 분들이 있으면, 더 이유를 찾고 뭐 의미 부여를 많이 하더라고요. 그러니깐 그분들이 항상 그랬어요. 저희가 동력이 떨어졌을 때, 그쪽에서 동력이 떨어졌을 때, 특히 대구는 더 그랬잖아요. 동력이 떨어졌을 때 그 사람들이 주변에서 적극적으로 안 하시던 분, 중간에 서 있던 분들이 "언제까지 해야 돼?" 그분들조차 "가족들은 하기나 해?" 그럴 때 그럴 때 이제 우리가 많이 가고 이러면 의미 부여를 많이 하게 되고 "(손날을 책상에 대고 왔다 갔다 하면서) 중간에 이렇게 왔다 갔다 하시는 분들도 다시 나오게 되고 다시 나오게 되고 이래서 다시 나오게 됐다"고, 우리가 "고맙다"고 "고맙다"고 할 때마다 그분들은 "오히려 우리가 갈 수 있게 해준 게, 애들한테 덜, 그런 게 부모님들이 해줘서 우리가 더 고맙다"고 이렇게 하는 거거든요. 그러니깐 '그런 데서도 지역에서도 우리 연극을 불러주실 때 아마 그런 것도 있지 않나' 싶어요.

영만 엄마　　　맞아. 그러니깐 의미를 다시 찾고, 자기들 스스로에게.

수인 엄마　　　그분들이 하시는 말씀이 "이렇게 움직여 주셔서, 엄마들이 어렵지만 이렇게 연극이나 뭐 이런 걸로 이렇게 활동하는 모습을 자기네들한테 보여줘서 [고맙다]. 왜 그러냐면 다 쓰러져서 슬퍼하고, 빠져 있지 않고 활동하고, 진짜 말 그대로 움직이고 있는 모습을 당신들이 볼 수 있게 해줘서 감사하다"고, 그 말은 어디 가든지 간에 꼭 들었던 것 같아요, 그분들한테.

동수 엄마　　　저도 많이 들었던 게, 엄마들이 진짜 연기를 잘하고 너무너무 잘하는 배우여서 그랬던 게 아니라 "엄마들이 너무 힘을, 힘을 내서 하고 있다는 게 너무 큰 감동이고 너무 자기네들도 힘을 받는다"고 그 얘기 말씀해 주셨어요. "엄마들이 이렇게 힘을 내서 하고 있는데, 이렇게 자기 분야도 아닌 연극에서, 합창에서", 그래서 그러니깐 이걸 봤더니 너무 많이 감동받은 거야, 그런 부분에서. 그러다 보니깐 "많은 사람들에게 보여주고 싶다"고 그래서 기획 공연 잡은 케이스가 되게 많다고 저는 알고 있거든요.

김태현　　　관객 측면에서 그분들의 기대치를 좀 다시 얘기해 보면, 동수 어머니[가] 그렇게 말씀 하셨지만, 그럼에도 불구하고 처음에 엄마들의 공연을 보기 위해서 왔던 관객들의 기대치는 '그래도 우리 엄마들이 연극하는 거니깐', (영만 엄마 : 봐주러 왔죠) 뭐 이렇게 좀 힘 주려고 이제 온 거예요. 그리고 '하, 또 얼마나 슬플까' 하고 오는 거야. 근데 첫 번째로는 "엄마들이 연기를 생각보다 너무 잘하네"가 있었어요, 솔직히 말씀드리면. 물론 뭐 전공 배우들 수준으로 저는 잘한다고 생각하는데, (일동 웃으며) '엄마들이 우리, 내가 기대했던 것보다 훨씬 더 연기를 맛깔나게 하는구나. 빠져든다' 이게 있었고, 두 번째는 세월호 엄마들이 하는 연극이면 당연히 슬플 거라고 생각하고 왔는데 웃기고 (영만 엄마 : 코믹이야) 또 재밌는 거죠. 물론 웃기기만 한 게 아니고 중간에 또 눈물도 나지만 '굉장히 유쾌하게 쉽게 보면서도 할 수 있구나'를 좀 이렇게 보면서, 네, 많이 감동하셨다고 하더라고요.

영만 엄마　　　감동과 재미와 그런 것을 다 느끼니깐(웃음).

애진 엄마　　　왜 연극 보다 보면 지루해 가지고 약간 (손을 머리에서 허공으로 쳐내는 동작) 딴생각 할 때도 있잖아요. 근데 우리 거 연극을 볼 때는 지루할 틈이 없대요.

동수 엄마   나도 그게 제일 좋았어. 우리 언니가 그러더라고 자기가 대학로나 뭐 연극 보러 다녔는데 안 졸고 온 작품이 한 개도 없대. 근데 "우리 거는 안 졸았다"고 하더라고, 물론 동생이 나오니깐 그랬겠지만(일동 웃음).

김태현   (검지손가락을 들어 올리며) 아휴, 성공입니다, 성공이야.

예진 엄마   그리고 몇 번을 봐도 볼 때마다 새롭대요.

영만 엄마   그리고 볼 때마다 슬프고, 볼 때마다 웃기고.

순범 엄마   지루하지가 않대.

예진 엄마   아, 우리 어떻게 할 거야, 진짜, 정말(일동 웃음).

김태현   (손바닥으로 엄마들을 가리키며) 이 자뻑, 자랑들(웃음).

순범 엄마   아니, 진짜로 그랬어. "봐도 봐도 또 보고 싶다" 그랬고 (예진 엄마 : 또 보고 싶대요) "이게 지루하지 않고 시간이 너무 빨리 간다"는 거야. 시간이 너무 빨리 간대.

예진 엄마   〈장기자랑〉 어떻게 할 거야, 이거? 더 그럴 텐데.

면담자   이제 관객으로서 제 경험을 잠깐 말씀드리자면, 연극을 진짜 집중해서 시간 가는 줄 모르고 봤어요. 그런데 끝나고 간담회식으로 하시던 관객과의 대화 시간에는 '차라리 연극을 다시 한번 더 보고 싶다'.

영만 엄마   그런 생각을 하셨다고요?

면담자   네, 진짜 그렇게 생각이 들더라고요. 그 정도로 연극에 집중이 됐어요.

김태현   그만큼 우리 연극이 힘이 있습니다.

순범 엄마   그러니깐 말을 많이 할 필요 없어. 그냥 연극 한 방으로 (주먹을 허공에 휘두르는 시늉) 보여줘.

김태현   그렇습니다.

예진 엄마   (웃으며 순범 엄마를 따라서 허공에 주먹을 휘두르는 시늉)

동수 엄마   거기에 다 들어 있지.

면담자   시기상 보면, 2015년 이후에는 부모님들께서 연극과 합창으로 사실상 간담회를 대신하시게 된 것 같아요. 특히나 말씀하신 것처럼 연극이 주는 울림이 또 남다르기 때문에 훨씬 더 의미가 있었던 그러한 시간이 아니었던가 싶습니다.

14
공연 후 느끼는 감정과 배역에 대한 감정이입

면담자   이건 조금 개인적인 질문이 될 수도 있겠는데, 공연을 굉장히 많이 하셨잖아요. 그러면 공연 끝나고 나서 집에 돌아오시면 어떠세요?

애진 엄마   (잠시 침묵) 저는 아까 얘기했는데 집에 와서 항상 울었던 것 같아, 집에 와서.

면담자	공연할 때마다?

애진 엄마   하고 끝나고 집에 와서, 집에 오자마자 옷 딱 해놓고 현관 앞에 한 1, 20분 앉아 있고…, 앉아 있고 그러면 그 [애진 아빠] 동원 씨도 가만히 있더라고, 앉아 있고…. 그때 정리를 했던 것 같아, 항상. 60번이면 60번 다 그랬던 것 같아. 그래서 기분이 너무 다운될 때는 가끔 회식 자리에 안 갈 때도 있었어. 그때는 진짜 최악의 상태가 (손을 미끄러트리는 시늉) 되어 있을 때였어요. 그 회식 자리 가면 혹시나 내 마음이…….

예진 엄마   (애진 엄마를 옆구리로 밀치며) 울지 마, 제발 울지 좀 마.

애진 엄마   (손으로 가슴에서 무언가를 꺼내 보이는 시늉) 들킬까 봐.

예진 엄마   아, 좀 울지 좀 마, 좀(웃음).

애진 엄마   (동시에, 예진 엄마의 어깨를 주먹으로 친다)

애진 엄마   (예진 엄마를 보고 웃으며) 니가 울까 봐 그러지?

예진 엄마   아, 울지 마, 울지 마.

애진 엄마   내 마음이 들킬까 봐, 혹시나. (울먹이며) 내가 이런 상태고, 이런, 막 진짜 아픈 분들이 계시는데 또 내가 이럴까 봐, 그게 너무 안 되더라고, 그래서….

영만 엄마   근데, 그것도 자기 너무 조심스러운 거….

동수 엄마   (한숨) 아, 당신도 아퍼.

수인 엄마   애진아, 같이 아퍼.

애진 엄마   그 자리를 안 가고 이렇게 (손을 바깥쪽으로 빼는 시늉) 다른 핑계를 대고 집에 가는 거….

예진 엄마   핑계였구나? 그랬던 거.

영만 엄마   (웃으며) 이젠 앞으론 핑계 안 통해.

김태현   (웃으며) 맞네, 앞으론 안 통해.

애진 엄마   거의 끝나갈 때 되면 (손을 머리 위쪽으로 들어 올리며) 난 이게 [감정이] 최고치에 가 있어 가지고, 이 자체가.

예진 엄마   이게 다르구나…. 저는 진짜, [〈이웃〉에서] 인정 많은, 보듬는 할아버지 역할이었잖아요. 그래서 그런지 몰라도 이런 거 진짜 1도 상상도 못 했어.

영만 엄마   맞어, 감정이입이 중요해.

예진 엄마   정말 이렇게까지 힘들어한 거 오늘 처음 알았고, 저는 연극이 딱 일단 끝나면 그 〈장기자랑〉의 가연이처럼 보람차다는 생각을 많이 했었어요. '아, 오늘도 이렇게 이런 분들에게 우리 얘기를 한 번 더 보여줬구나. 우리 예진이한테 조금 더 떳떳하구나' 나는 그런 마음이었지, 이렇게 힘들고 그런지 진짜 몰랐어요. 저는 오히려 더, 공연한 날은 오히려 더 좋았거든요. '오늘은 우리 애들을 위해서 한 가지를 또 해냈구나. 뭐 잘하든 못하든 그쪽 사람들이 많이 받아들였든 못 받아들였든 어쨌든 엄마로서 뭐 하나 했구나' 이런 마음이었지 이렇게 힘들어할 줄은 정말 몰랐어요.

영만 엄마   나도 똑같은 마음이었는데. 오히려 저도 연극 하고 나면 되게 뿌듯한 생각이 들었거든요.

예진 엄마   뿌듯했어요, 네.

애진 엄마   근데 나하고 준영이 엄마는, (김태현을 향해) 준영이도 그러더라. 항상 힘들었다고 하더라고, 끝나고 나면 힘들었고… 또 힘들었고. 가끔 얘기할 때 그러더라고요.

김태현   우리 정말 연습 삼아서라도 〈이웃〉 공연을 한번 배우를 바꿔가지고 한번 해볼게요. 그게 하나의 또 좋은 어떤 효과를 낼 수도 있을 것 같아요.

예진 엄마   맞아요.

동수 엄마   저 같은 경우는 〈이웃〉 하면서 다 같이 있다가, 같이 있고 막 다 웃고 울고 하다가 빈집에 혼자 들어가는, 1년 동안 되게… 들어가기 싫은 날도 많고 무서운 날도 많고, 그러니깐 같이 있다가 저희 집에는 이제 [아무도] 없었으니깐. △△이는 대학교 가서 지방 가 있고, 아빠는 목포에 있다 보니깐 외로웠던 시간이 많았던 것 같아. 저는 〈이웃〉 작품 할 때 되게 외로웠었어요, 그러니깐……

수인 엄마   딱 소리였네.

동수 엄마   응, 그러니깐. (고개를 끄덕이며) 응… 그랬던 것 같아. 소리 역할 맡으면서 딸도 있었지만, 보였지만, 외로웠던 것 같아, 1년 동안 되게…. 그러니깐 가끔 혼자 언니들한테 뒤에 숨어서 혼자 있을 때도 있었고…. 음… 그 배역이 주는 거였던 것 같아요.

영만 엄마   근데 배역이나 이제 이런 감정적인 거 떠나서 연극 하

175
•
1회차

고 나면 우리가 그 시간만큼은, 늘 얘기하는 얘기지만, 그 시간만큼은 그 극 중에서 그 모습으로 내가 1시간 넘는 시간을 그렇게 살면서 그렇게 보여지고 있잖아요. 근데 이제 무대막이 딱 내려지면 다시 현실로 다시 돌아오는 그것 때문에, 저는 또 되게 허탈한 마음과 그 아픈 마음을 그냥 다시 한순간에 (양팔로 주변에서 공기를 모아 오는 시늉을 하며) 훅 끝나면 받을 때가 있어요. 그런 아픔은 있지만, 이렇게 막 (애진 엄마를 짚으며) 트라우마 때문에 극 중에 뭐 배우로서의 내 역할… 뭐 이런 것 때문에 저는 트라우마는 없었지만…. 그러니깐 내가 짧은 시간이지만 내가 즐겁고 기쁜 시간을 내가 누린 것에 대한 그런 거에 기쁨도 뿌듯함도 물론 있지만, 그런 오히려 허탈감으로 돌아와, 다시 돌아왔을 때. 그게 현실을 다시 내가 '아, 이게 현실이 아니다'라는 걸 내가 다시 느끼게 될 때 그 허탈감이 더 저는 훨씬 컸었거든요, 트라우마보다는.

예진 엄마   저도 비슷하게, 간담회 같은 거 예전에 다닐 때에는 제가 간담회[에서] 세월호 유가족으로 이렇게 앉아 있을 때 앞에서 말씀 듣는 그런 분들 입장이 굉장히 부러웠어요. '내가 저 자리에 앉아 있으면 얼마나 좋을까. 이 자리가 아니라 저 자리에 앉아서 아파하고 이렇게 해주는 사람이었으면 얼마나 좋았을까', 다닐 때마다 그 생각을 했었는데, 그 극에서 제가 세월호 유가족을 바라보는 그 할아버지 역할이었잖아요. 나는 그때 '내가 이 사람이었으면 얼마나 좋았을까. 내가 이렇게 바라보는 사람이었으면 얼마나 좋았을까' 저는 그런 생각을 더 많이 했기 때문에 이 연기를 할 때는 이렇게 힘들지 않았어요.

애진 엄마   난 그래서 할아버지 엄청 좋아했잖아. 나는 할아버지…

엄청 좋아했어요. 이 배역의 이 사람이 좋았어요. 유신이도 좋았지만 그 할아버지가 너무 좋았어요.

예진 엄마   (고개를 끄덕이며) 할아버지 좋았지. 정말 우리가 원하는, 우리 가족들이 원하는 이웃이거든요, 진짜.

동수 엄마   내가, 내가 그 노래 불러주는 이웃이었기 때문에 노래도 최대한 따뜻하게 불러주고 싶었고, [극 중 유가족 역할을 한] 동혁이 언니를 (껴안는 시늉을 하며) 꽉 최대한 더… (예진 엄마 : 그런 게 보여) 안아주고 싶었어. 일부러 딸이 엄마한테 안듯이 (껴안는 시늉을 하며) 이렇게 많이 안았거든. 내가 그렇게 받고 싶었던 거겠죠. (김태현 : 그렇죠) 예, 제가 그런… 따뜻한 사랑을 받고 싶었으니깐 더 그랬던 것 같아. 그게 많이 접목됐던 것 같아.

영만 엄마   극 중에서 이렇게 다 힘들어했지만 지금 이 자리에 없는 동혁이 엄마 같은 경우도 유가족 역할을 직접 하게 되면서 제일 많이 힘들어하고, 그 이야기를 저도 듣고 되게 놀라고, 좀 이 배역에 대한 걸… 배역에 대해 좀 미안한 생각도 들었던 건, 이 연기, 이 공연이 잡히면 한 이틀 전부터 잠을 못 잤대요. 자기가 다시 극 중에 다시 순애로 돌아가야 되는 그 생각을 하면서 걱정이 되고, 암튼 너무 힘들어서 잠을 못 잤다는 얘길 듣고는 '아, 이렇게 힘들어하고 있구나'라는 걸 알게 됐었는데, 그분도 되게 힘들어했어요.

김태현   그죠. 가장 어려운 캐릭터였죠.

영만 엄마   그러면서도 좀 미안하기도 했고. 아까 뭐 배역을 어떻게 정해졌는지, 정하면서도 그 배역을 그렇게 맡게 되고 그러면서 전

되게 미안하다는 생각을 또 했고.

면담자   수인 어머님은 공연 끝나고 어떠셨어요?

수인 엄마   저는… 일단 가정불화 때문에 마누라가 집을 나가고 (일동 웃으며) 혼자 여고생 딸을 키우는, 버럭 하는….

영만 엄마   현실을 얘기하고 있는 줄 알았네. 연극하면서 가정불화 있었다는 그 얘기 하려는 줄 알았어.

예진 엄마   (영만 엄마를 쳐다보며) 나도 아저씨가 뭐라고 한 줄 알고 나는 또 놀랐잖아(일동 웃음).

수인 엄마   미안해… 내가 표현력이 좀.

예진 엄마   이거도 아영이 [역과] 같아요, 지금 또. "미안해…".

수인 엄마   근데 나는 〈이웃〉 하면서 그거를 많이 알게 됐어요. 저희… 이 남편이 좀 무뚝뚝하고 그런 캐릭터거든요. 한결같이 캐릭터를 잘 간직하고 있는 사람이라 변함이 없는데, 이 아버지 역할을 하면서 '말 한마디에 그 수만 가지 감정을 담아서 말하는구나. 짧은 한마디지만 뒤에는 빙산의 어떤 버금가는 그런 사랑이 있구나' 그거를 굉장히 많이 느꼈어요. 애들하고도, 그런… 이제 어떤 무뚝뚝함 그런 것 때문에 애들이 많이 오해하는 부분도 있고 그런데, 제가 이제 아버지 역할을 하면서 그 전에 했던 엄마 역할하고는 전혀 다른 표현을 써야 되는데, 애한테 소리 지르고 하면서도 목소리 톤도 완전히 너무 무섭게 하지 않고 그 나름대로 중간을 찾았는데….

동수 엄마   (손에 얼굴을 묻고 작게 소리 지르듯) 무서웠어(일동 웃음).

수인 엄마　　　그런 거를 보고 '아, 우리도 그러지 않았을까?' 하는 것 때문에…. 이 역을 하면서 남편이 쪼금 늦게 들어오고 [해도] 나를 연극을 하게 좀 풀어준 거에 대한 어떤 부가적인 혜택을 제가 더 많이 주게 됐죠.

김태현　　　(웃으며) 그렇네요. 아버님이 투자를 잘한 거네.

동수 엄마　　　아빠를 옆에서 봤을 때, 저희 반이잖아요. 항상 보면 무뚝뚝하고 연차가 좀 있는 부부다 보니깐, 무뚝뚝하고, 언니를 정말로 딸… 같이 대하진 않지만 꼭 존칭을 쓰셔요, 두 분은.

예진 엄마　　　(수인 엄마에게) 언니 존칭해?

수인 엄마　　　(예진 엄마에게 끄덕임)

동수 엄마　　　예. 하는데. 아버지가 〈옷장〉 할 때랑 〈이웃〉 할 때랑 많이 바뀌어 있었어요, 아버지가. 물론 또 언니 태도도 마찬가지야.

김태현　　　오… 언니가 바뀌니깐 아버지도 바뀌었겠죠?

동수 엄마　　　예. 아버지도 바뀌시고, 부부 사이가 (예진 엄마 : 좋아졌어?) 집에선 모르겠는데 딱 봤을 때 아버지가 조금 언니를 가둔 거에서 (손을 아랫 방향으로 움직이며) 내려놨다는 생각이 들었었어.

수인 엄마　　　(손으로 사각형 박스를 그려 보임)

동수 엄마　　　(수인 엄마를 따라서 손으로 사각형 박스를 그려 보임) 어, 딱 가뒀다가. 진짜 전형적인 시골 엄마, 아빠.

김태현　　　온실 속의 화초처럼 키웠군요? (일동 웃음)

동수 엄마   예, 맞아요. 옛날 시골에 엄마, 아빠 사이였는데.

수인 엄마   온실 속의 잡초처럼 (일동 웃으며) 그렇게 대우를 받았는데, 서로 간에….

동수 엄마   예. 쪼오금… 조금 아빠가 언니를 생각하고, 더 생각 많고 더… 풀어준, 풀어준 것 같은 그런 게 부부 사이가 조금 달라 보였어요, 그거 하면서.

김태현   그런 효과가 있었네.

수인 엄마   예, 있더라고요. 그런데 이제 뭐 "안에서는 모른다" 그러는데, 안에서는 그런 소리 들어요. "여기는 가정이야 [극 중의] 대철이처럼 굴지 마", 맨날 그러거든요.

동수 엄마   집에서 가끔 소리친대요.

애진 엄마   연기 연습한다고.

수인 엄마   남편한테 소리 지르는 게 아니라 딸아이한테 하는데, 그거를 인제 옛날에는 못 들었어요, 그 부분을. 자기한테 한다는 거를 전혀 상상을 못 하죠, 왜냐면 자기는 남편님이니깐. 근데 지금은 딸한테 뭐라 그래도 '아, 돌아서 오는, 나한테 오는 소리구나' 하는 거를 (손가락으로 조그맣게 표시하며) 요만큼 이제 알아요(일동 웃음).

김태현   아, 알기 시작하셨군요.

수인 엄마   예, 예. 그래서 대철이 역을 하면서 조금 더 자유로워지고, 그 사람도 조금 자기를 이해해 준… 다고, 요만큼 이해해 준다고 생각을 하니깐 조금 조금씩 변화되고 그런 부분이 있죠.

동수 엄마   근데 대단한, 대단한 분이시긴 해요. 진짜 완벽한 엄마였거든. 근데 [연극에서] 완벽한 아빠가 됐어요. 대단해요. (김태현 : 그렇지. 그건 맞아) 나 가끔 무서웠어. 가끔가다 언니한테… (수인 엄마에게) "하나도 안 불쌍하거든?" (웃음)

수인 엄마   (웃으며) 미안해.

예진 엄마   그리고 그 막걸리 뺏으려고 막 울 때 (영만 엄마 : 무서웠지) 내가 무섭다 그랬잖아. 할 때마다 진짜 막 승질머리 대철이가 오는 것 같았다니깐. (양손으로 책상을 쾅쾅 치며) 막 이러면서 자꾸(웃음).

동수 엄마   근데 한편으론 그거 보면서 '아, 저거 언니가 진짜 하고 싶은 행동들이 아니었을까' 싶을 정도로 리얼했어요.

수인 엄마   그래 나 술 마시고 싶었어(웃음).

동수 엄마   집에서는 그거 안 했으니깐, 그리고 맏이다 보니깐.

예진 엄마   아니야, 이제는 또 [〈장기자랑〉에서] 고등학생 역할 하면 또 고등학교 아영이잖아.

동수 엄마   요즘 연습 보니깐 딱 아영이야. 딱 그 모습 보이더라고요. 대단하신 양반이야.

예진 엄마   그 〈이웃에 살고 이웃에 죽고〉 그거를 보면서 객석에서 관객 입장에서는 많이 그런 생각을 했을 것 같아요. '나는 이웃을 살게 하는 사람이었을까, 죽게 하는 사람이었을까?' 많이 갈등들 했을 것 같아.

김태현   그러믄요. '저 중에 나는 지금 부녀회장과 함께 있는 쪽일까, 아니면 난 영광이 할아버지와 함께 있는 쪽일까?'

예진 엄마   그러니깐, 아마 많이 생각했을 것 같아.

수인 엄마   (영만 엄마를 바라보며) 이쪽도 저쪽도 아닌 우리 세찬이 정도만 돼도 좋은데.

김태현   그쵸. 대부분의 사람이 세찬이거나 소리거나 인데.

예진 엄마   나는 근데 세찬이 같은 사람도 난 너무 싫어요.

김태현   근데 중요한 게 뭐냐면, 세찬이거나 소리거나 한 사람을 (양손을 안쪽으로 당기며) 영광이가 땡겨주면 이 사람들이 오게 돼 있어. 근데 만약에 부녀회장이 땡기면 (양손을 바깥쪽으로 뻗으며) 저쪽으로 가게 돼 있거든. 근데 이 사람들을 땡겨주는 역할을 이제 우리가 해야 되는 거죠.

예진 엄마   (웃으며) 그러면 닭죽을 얼마나 삶아야 하냐고, 닭죽을.

김태현   (손으로 다른 쪽 손바닥을 때리며) 닭죽을 어마무시[하게] 삶아야지.

동수 엄마   나는 몰라요. 어정쩡한 사람이 제일 비겁해.

예진 엄마   (동수 엄마에게 손짓하며) 그지? 나도 그래.

김태현   순범 엄마는?

순범 엄마   나는 그냥 뭐… 부녀회장으로서, 회장으로서 그냥 말

많고 시끄럽고 음… 그런 사람인데, 원래 부녀회장이 그렇잖아. 근데 성격상 그러지는 못해요 제가, 그렇지는 못하고.

수인 엄마   아니야, 세찬이, 순애한테 일단 세뇌가 돼 있잖아, 먹을 걸 하도 줘서(웃음).

순범 엄마   그래도 어쨌든, 그런 어… 돈을, "넌 TV도 안 봤냐. 니네들이 돈을 이렇게 많이 받았다" [하는 대사에서] 어… 어떻게 보면 한편으로 보면, 어… 사람들이 우리한테 "돈을 많이 받았다" 이런 거는 혹시 샘 부리는 것 아닌가 이런 생각도 들지 않아? 그냥… 괜히 샘 부리고 막 사람들이 그런 것 같은데, 일단 부녀회 회장은 특별하게 저기가 없어서, 이렇게 감정을 느끼고 이런 것보다는 그냥 뒤에서 저는 그랬어요. 이 [배역 하는] 거에 대해서는 그렇게 막 그다지 뭘 느끼지는 못했지만 그냥 뒤에 앉아서 이렇게 영광이 할아버지나 소리가 노래할 때, 처음에는 진짜 많이 울었어. 그거를, 왜 이렇게 또 잘 들리냐고. 그런 대사를 들으면서 뒤에서 마음을 굉장히 졸이면서, 아프면서 이렇게 있었는데, 뭐 그 "김치찌개 하나" 그 말 구절구절[이] 귀에 탁 (귀에 손을 대고) 들리는 거야. (가슴에 손을 대고) 그럴 때마다 가슴이 너무너무 아프고 이랬던 것들이…, 지금은 그런 말을 듣지 않으려고. 예전에는 되게 긴장이 돼가지고 이 대사를 어떻게 놓칠까 봐, 놓칠까 봐 막 (핸드폰을 들어서 보는 시늉을 하며) 그 대사를 계속 이렇게 보고 있고, 막 이 (가슴을 치면서) 이러면 여기가 너무 아픈 거야. 그랬는데 이제는 어느 정도 내가 익숙해졌잖아. 그러니깐 되도록이면 그 대사를 안 들으려고 노력을 되게 많이 하고 했던 것 같아. 그냥 부녀회장이 특별하게 무슨…(웃음). 하여튼 뒤에서 들으면서 그거는 진짜 너무너무 아팠어요.

예진 엄마   진짜 아팠어. 하면서도 너무 아팠어.

김태현   (수인 엄마를 손으로 가리키며) 이 대사가 필요한 게, 가족이 아이에 대해서 어떤 마음인지를 표현한 대사가 필요한데, 이 대사를 '순애가 하게 하는 것보다는 영광이가 하게 하는 게 맞다'고 생각해서 영광이한테 이 대사가 부여됐는데, 그 장면에서 이제 다 운 거예요.

순범 엄마   그 대사를 생각하면서 아이들 생각하는 거지, 애기를 생각하고.

동수 엄마   근데 언니, 나는 어떻겠냐고(책상을 치면서 웃음).

김태현   바로 옆에 앉아 있었지(웃음).

순범 엄마   그때 당시에 수학여행 가기 전에 못 해줬던 거, 못 해줬던 것들, 이런 것들 다 생각이 나는….

예진 엄마   나는 그 대사를 하면서 내가 빠져서 내 생각하고 막 이러면서 너무 아프면, 나 울면, 울면 안 됐댔잖아요. 그냥 처연하게 그냥 이렇게 하려 그랬는데, 나중에 이렇게 뒤에서 다 운다는 소리를 들으니깐 (양손을 귀 옆으로 올리고) 막 되게 신경 쓰이고 (가슴에 손을 얹으며) 마음이 더 아프더라고요. (김태현 : 미안해서) 네, 미안해서.

순범 엄마   아니, 이게 구절구절 노래할 때도 그렇잖아. 노래 가사도 너무 서글프잖아, 사실. 막 이렇게 하는데도 그 가사를 듣고 앉아 있으면 정말로 뭐 너무 아픈 거야, (예진 엄마 : 애들 생각이 나서) 응…

이게 생각이 나가지고. 그래서 되도록이면 지금은 그 노래도 되도록 안 들으려고 하고, 그 대사 하나하나, 뭐 대사들을 되도록이면 귀에 안 담으려고 노력을 하고 있어, 아픔을 하나하나 아픔을. 근데 [공연을 하면] 보람은 있어요. 왜냐면 우리가 이렇게 이 공연을 따악 끝내고 나면 우리의 이야기를 이 많은 사람들한테 (손을 뻗어서 전달하는 시늉하며) 일단 전했다는 거, 우리가 일부러 찾아가서 할 수 없는 일을 우리가 했다는 거, 이거에 굉장히 감동을 하고.

저는 이제 이 공연이 끝나면 또 차를 타고 이후에 홍성까지 내려가는 시간에 또 많은 생각을 해요. '참 우리 오늘도 참 잘했구나. 또 누군가에게 많은 사람들에게 진짜 감동 있게 전달을 하고 왔구나'라는 생각을 하면서, 애기하고 이제 또 그 시간에 대화를 나누죠. (양손을 주먹 쥐고 팔꿈치를 접어 들어 올리며) "엄마 오늘 또 진짜 잘했지? 어땠어?" 막 그 시간을 이용해서 이제 애기하고 또 대화하는 시간이 있고, 또 이제 집에를 가면 사실상 그렇게 할 시간이 또 없어요. 가면 애기들이 많다 보니 치워야 되고 정리해야 되고 (애진 엄마 : 강아지, 강아지) 어… 이렇게 우리 강아지… 이쁜 강아지들 정리해야 되고 이렇게 하다 보니깐, 거의 나는 이제 딱 공연이 끝나면 (김태현 : 차로 가는 동안에) 차 안에서 많은 대화를 해요.

김태현   순범이랑 대화한다고요?

순범 엄마   대화도 하고, 연극 대사도 외우고, 그 안에서 모든 것을 다 하는 거야. 이렇게 1시간 별거 아닌 것 같지만 그 시간에 대본도 외워야 되고, 애기하고 대화도 나눠야 되고, 애기하고 얘기도 하고. 나의 그 '내가 뭘 지금 어떻게 해야 되는지' 생각도 하고…. 그 시간을 이용을 많이 해요.

김태현   오히려 홍성으로 내려가는 그 1시간 동안 온전히 혼자 있는 시간을 1시간 남짓 갖는 것이 오히려 좀 해소가 되고 집에 들어가서는 완전히 집 모드로 바꿀 수 있는 그런 기회를 가지시는 것 같고, 이제 (애진 엄마를 가리키며) 그럴 기회가 없이 바로 집에 들어가니깐 문턱에 앉아서 20분 동안 또 이렇게 하… (한숨짓는 흉내를 내며) 그러시는 거지.

순범 엄마   그런 차이점이.

영만 엄마   근데 〈이웃〉 하면서 나는 먹는 거, (먹는 시늉을 내며) 감자랑 부침개 실컷 먹고, 먹는 거하고.

김태현   맞아요, 맞아. 캐릭터가 어떻게 이렇게 잘 맞는지.

예진 엄마   심하게 먹었지.

예진 엄마   (애진 엄마를 치면서) 요번엔 내가 감자 먹어.

영만 엄마   (웃으며) 아유, 실컷 먹어. 나도 옆에서 먹을 거야. 아니 근데 원래 백수 청년이기 때문에 이제 먹는 거만 보면 허겁지겁하는 그거를 잘 살리려고 (허겁지겁 먹는 시늉을 하며) 막 허겁지겁 일부러. 여기 할아버지가 (예진 엄마를 가리키며) 불편할 정도로 막 쩝쩝거리면서 막 먹는 씬을 (순범 엄마 : "쩝쩝거리지 좀 마" (웃음)) 막 했는데…. 그래도 저도 아픈 거 있었는데, 그 랩 하는데 되게 아픈 내용이잖아요.

순범 엄마   응, 가사들도 다.

영만 엄마   유일하게 그 부분만…. 근데 이제 그거 할 때는 또 우리 영만이가 랩을 또 좋아했었으니깐 그거 하면서 이제 애 생각 제일 많이 하는 시간이 되었던 것 같아요.

수인 엄마   어쨌든 기승전, 기승전 [아이] 그냥….

영만 엄마   어 애야. 오로지 애야 그냥. 시작도 애로 시작해서 끝나는 것도 애야.

순범 엄마   근데 구절구절 한 구절 한 구절 이렇게 봤을 때 애하고 다 연결이 안 되는 게 하나도 없어. 김치찌개 고기만 쏙쏙 빼먹어도 옆에 있었으면 좋겠고. (일동 : 그래, 그래) 어, 정말로.

예진 엄마   그러니깐 정말 오토바이 타고 다니며 사고를 내든 당구장을 가든 옆에만 있었으면 좋겠구, 막 다….

순범 엄마   이런 생각 하면서 또 엄마들이 또.

면담자   연습하실 때도 그렇게 생각나시죠?

예진 엄마   그렇죠, 다 생각나요.

영만 엄마   그 랩 부를 때도 저도… 처음에 하면서, (한숨을 쉬며) 되게 막 잘하고 싶으니깐, 어쨌든 애를 흉내를 잘 내고 싶고, 애들이 하는 것처럼 잘하고 싶은데, 잘하진 못했지만, 아무튼 흉내 내고 싶어서 잘하고 싶어서 엄청 연습하고 그렇게 했는데….

구술자 일동   잘했어.

김태현   잘하셨어요. 쏙쏙 들어왔어, 귀에.

영만 엄마   공연할 때 이게 예진 엄마[가] 얘기한 것처럼 그게 엄청
슬프고 그런 이 가사가…, 그런데 사람들은 막 박수를 치는 이게 막
혼란스러운 거예요, (예진 엄마 : 그래) 이게 갑자기.

면담자   그런데 저희도 같이 울 순 없잖아요(웃음).

영만 엄마   어, 그렇기는 한데, 박수 안 치고 숙연하게 들어주시면
참 좋겠는데….

면담자   아, 그래요?

구술자 일동   네.

영만 엄마   막 박수 치면은, 갑자기 이거 이게 하다가 (머리에 손을
올리며) 집중력도 딱 떨어지면서…, 그 부분이 너무 많이 힘든 거예요.

동수 엄마   근데 그 부분은 어쩔 수 없어. 언니 캐릭터 자체가, 언
니만 나타나면 웃겨(일동 웃음).

예진 엄마   그냥 빵, 빵 터져가지고.

순범 엄마   (영만 엄마에게 손짓하며) 근데 이게 가사를 듣는 게 아
니라….

영만 엄마   (가슴에 손을 올리며) 나의 모습을 보는 거야.

순범 엄마   어, 영만이를 보는 거지. 가사는 사실 (공중에 손가락으
로 글씨 쓰는 시늉) 그 가사는 진짜 슬픈데.

동수 엄마   아파요, 아픈 대사야.

영만 엄마   그러니깐, (자신을 가리키며) 세찬이의 모습을 보면서 웃

긴 거지.

구술자 일동   그렇지.

예진 엄마   그러니깐, (박수 치며) 처음에는 박수 치다가 가사를 들으면서 어, 멈추는 거야.

영만 엄마   응, 멈추는 사람도 본 적 있어요. 근데 잘 모르는 사람은 끝까지 그냥… (크게 박수 치는 시늉) 근데 그럴 때가 좀 많이 힘들 때가 많이 있어요.

면담자   저도 박수 치다가 '잠깐, 내용이?' 해서….

영만 엄마   예. 그러니깐 처음에는 노래니깐, 우리나라 사람들은 노래에는 다 박수 치고 (박수 치는 시늉) 흥을 돋궈주는데 이 가사를 듣다 보면 이게 슬픈 내용이니깐 슬그머니 (손을 슬슬 내리는 시늉) 잦아들긴 하는데, 어떤 데 가면 끝까지 박수 칠 때가 엄청 마음이 불편할 때가 있어요.

수인 엄마   중고등학생들은 끝까지 쳐(박수 치는 시늉).

영만 엄마   어, 모르니깐(웃음). 잘 모르는 것 같아.

수인 엄마   어른들은 치다가 멈춰(박수 치다가 멈춤).

예진 엄마   그리고 〈이웃에 살고 이웃에 죽고〉 이 공연을 하면서 정말 많이 생각한 게 뭐냐면, '내가 지금까지 어떤 이웃 때문에, 어떤 이웃들 덕분에 이렇게 버텼지?' 이런 생각 때문에, 지금 옆에 있는 이웃, 지금 옆에 있는 사람이 그렇게 소중할 수가 없더라고요. 물론 감독님도 그 사람 중에 한 명에 들어가는 거고. 아무튼 지금 참사 초기 때부터 계속 곁에 있어준 사람들 그분들 덕분에 저희가 지금 숨도 쉬고 버티는 거거든요. 그러니깐 그분들을 다시 한번 생각하게 되고 막 그렇더라고요. 피를 나눈 형제보다 더, 더… 감사한, (순범 엄마 : 끈끈하고) 감사한 사람들이라서 그런 생각을 되게 많이 하게 됐었어요, '내가 어떤 이웃 때문에, 어떤 이웃 덕분에 살았지'. 그리고 분하고 화나는 일 있으면 막 그냥 가리지 않고 막 그렇게 토해내도 (손을 입에 가져다 댔다가 떼면서 말하는 시늉) 이렇게 받아주던 이런 사람들, "네가 지금 무슨 말을 못 하겠니" 이러면서 받아준 사람들이 있거든요. 그런 사람들한테 너무너무 지금도 고맙고, 숨 쉴 수 있게 해준 사람들이니까.

15
연극을 계속하게 된 원동력

면담자　　　말씀을 들어보면 어머님들께서 연습 때마다, 공연 때마다 슬픔과 어려움을 느끼시는데, 매번 힘들고 어려운데 어떻게 이렇게 오래….

예진 엄마　　　지금도 다 그럴걸? 지금도 계속 머릿속에(웃음).

면담자　　　네, 지금까지 계속 공연을 해왔고, 또 새로운 공연을 준비하시게 된 원동력이 무엇일까요?

예진 엄마　　　애가 힘이에요, 아이가. 뒤에 계셔서 응원해 주시는 시민들 이런 분들도 물론 커다란 힘이지만, 가장 커다랗게 우리가 움직일 수 있는 힘은 별이 된 아이들이라고 저는 생각을 해요. 저는 우리 예진이가 가장 큰 힘이고, 애 때문에 하는 거고, '아파도 너만큼이야 아프겠냐' 이런 생각이 있기 때문에 이렇게까지 하는 거고…. 그래서 더 잘하고 싶고, 특히 〈장기자랑〉은 그래서 더 잘하고 싶고 그런 마음이 있는 것 같아요.

면담자　　　다른 부모님들은 어떻게 생각하세요? 그동안 힘들어하시면서도 어쨌든 계속할 수 있었던 원동력이 무엇일까요?

순범 엄마　　그건 저기 뭐 예진이 말마따나 제가 저희도 저희가 솔직히 애들 아니면 여기까지 왔겠어요, 사실? 오지도 않았고 하지도 않았고, 사실 연극 자체도 뭐 하지도 않았겠죠. 그치만 처음이나… 저는 모르겠어요, 저는 지금까지 쉬지 않고 올 수 있었던 것도 저는 4월 16일을 절대 잊을 수 없어요. 항상 내가 힘이 들고 마음이 자꾸 이렇게 (내려가는 손짓) 가라앉고 이럴 때마다 '그래 그때 느그들[너희들] 얼마나 힘들었어. 나는 그날을 정말 잊지 않을 거야' [하고] 나는 그날을 생각하면서 여까지 버텨왔고…. 정말 내가 진짜로 그렇더라고. 나는… 순범이한테 어… 수학여행 가는 날까지도 안아주지도 못했고, 그 우리 지금 이제 장면에 저기에 도시락이라는 게 나오잖아. 〈장기자랑〉에서요. "도시락 싸줄까?" 이런 말 한마디도 못 했던 것.

예진 엄마　　그 도시락 싸줄 일이 애들[한테] 없었어. 그런 건 뭐라 안 해도 돼.

순범 엄마　　그래도 마음이, 상황이 뭐냐면, 과자라도 엄마 손으로 이렇게 싸서 못 보내줬던 이런 것들 한이 되고, 정말 "잘 갔다 와" [하면서] 한 번 더 안아주지 않았던 것이 한이 되고…. 평소에 내가 '일을 좀 덜 할걸' 하는 생각에….

수인 엄마   (순범 엄마를 쓰다듬음)

예진 엄마   그땐 최선을 다했잖아.

순범 엄마   '일을 좀 들[덜] 했으면 애하고 좀 더 많은 시간이 되지 않았을까', (손을 가슴에 찌르는 시늉하며) 이게 이 몸에 박혀버린 거야. (울먹이며) 이게 박혀가지고 죄책감에… (손으로 가슴을 치며) 정말로 포기할 수 없고.

예진 엄마   그럼. 다 죄책감이 있는데… 그땐 그게 최선을 다한 거야.

수인 엄마   (순범 엄마를 토닥이며) 일하는 것도 애를 위해서 한 거니깐 괜찮아.

순범 엄마   지금도 마찬가지로 포기할 수 없는 게 그것 때문이에요, '너희들은 얼마나 무서웠고 얼마나 추웠고 얼마나 힘들었겠냐'. 나는 추울 때도 마찬가지로 '애네들보다는 안 추워', (예진 엄마 : 그럼) '옷 하나 더 입으면 돼'. 나는 진짜 홍성에 혼자 내려갈 때 처음엔 정말 무서웠거든. 정말 무서웠어, 깜깜하니 뭐 그 가로등도 없고 막 이랬는데 되게 무섭더라고, 시골길을 가는데. 그때 뭐라 한 줄 알아? (동수 엄마 : 순범 엄마에게 휴지를 줌) (눈물을 훔치며) '너희들보다는 안 무서워. 엄마 괜찮아', (수인 엄마 : 순범 엄마를 토닥임) 이러면서 내가 그 시골길을 다녔었어.

수인 엄마   그래, 그래….

순범 엄마   그래서 나를 포기할 수 없어(울음).

예진 엄마   주변에서 저희를 위로한다고 이런 말씀들을 많이 하셨어요. "애 좋았던 모습만 기억하고 아이하고 행복한 모습만 기억하고 그래야지 버티고 그래야지 오래오래 있다가 아이한테 간다" 이런 말들을 많이 했는데, 저는 그 말을 받아들일 수가 없었고 이해가 안 됐던 게 '이 분노하는 감정이 없어지면 안 된다'고 생각을 했었어. 그래서 저는 자꾸 생각을 한 게 우리 예진이 마지막 나왔던 모습을 자꾸 생각을 했어요, 그게 힘들어요, 너무너무 힘들고…. 그 해경에서 우리 예진이 검안할 때 그 사진도 제가 다 받았어요. (손으로 끌어안는 시늉) 그걸 봐가면서 이 분노하는 감정을 안 없애려고, 이게 없어지면 안 될 것 같다고. 옛날에 가족들조차도 "마음 편하게 먹어야지 오래가. 오래 버텨" 이러는데 저는 그 모습조차도 우리 예진이 모습이었기 때문에 그 모습도 너무 소중하고, 아프지만 그 모습을 기억해야 되기 때문에… 그 모습을 기억해야지 더 힘을 낼 수 있기 때문에, 분하니깐, 그래서 그런 모습도 생각하면서 아이만 보고, 힘들어도….

영만 엄마   너무 똑같다. 저도 저기 할 때마다 사람들은 그거, 사진 본 게 오히려 너무 아프고 힘들다고 하는데, 저는 가끔 그걸 열어봐요, 일부러.

예진 엄마   응, 저도요.

영만 엄마   그걸 열어보고 그 마지막 그 사진 응? 그 마지막 애 받았을 때 그 사진 그거를 받아가지고 저도 가끔 제가 그걸 열어봐요.

(떨리는 목소리로) 그냥 그 모습이 물론 아프기는 해요. 되게 아프지만 진짜 그걸 잊어버리면 안 되잖아. 그런 거하고, 그리고 이 연극을 하고 있는 게 물론 이거에 대해서 우리 나름의 뭐… 우리 마음에 치유나 뭐 또 그런 것도 아까도 얘기를 했지만, 그런 것도 있지만… 잊혀질까 봐. 우리가 이거 아니면… 제가 물론 다른 어떤 활동을 통해서도 세월호를 알릴 수 있겠지만, 그래도 내가 그냥 잘할 수 있고 내가 기쁘게 즐겁게 할 수 있는 일로 이 일을 지금 하고 또 선택해서 하고 있다고 생각하기 때문에, 잊혀지는 게 너무 싫어서…. 그리고 우리 아이를… 엄마들도 다 똑같을 거예요, 내 아이가 잊혀지지 않는 것이, 물론 세월호는 잊혀지지 않는 거잖아요, 그러니깐 그런 거. 그러면서 '내 아이를 내가 이야기하지 않으면 (예진 엄마 : 맞아) 누가 우리 아이를 기억하고 누가 우리 아이를 이름을 누가 불러줄까, 그런 생각에서 엄마들이 다 기를 쓰고 그렇게 최선을, 어떤 활동을 하든 그런 마음으로 다 똑같이 하고 있을 것 같아요. 이게 잊혀지지 않게 하기 위해서 우리가 끊임없이 새로운 걸 도전을 해야 하고, 죽을 때까지 해야 되는 일이라는 그런 사명감을 정말 가지고 하는 이유가, 엄마들이 아빠들이 우리 가족들이 이야기하지 않으면 누가 이야기를 할 것이고 누가 우리 아이들을 기억해 줄 건지 그런 것 때문에, 그런 게 두려워서, 잊혀지는 게 두려워서… 그래서 끊임없이 이거를 하고 있는….

예진 엄마   가슴이 쿵 하고 막 덜컥 겁이 났던 게, 나는 진짜 예진이 잊어버리지 말아야 되고 목소리조차, 행동했던 집에서 습관 이런 것도, 그래도 '다 안다'고 생각을 했었는데 불현듯 우리 아들이 무슨 얘기 하다가 내가 우리 아들한테 무슨 얘기 하니깐 바로 누나 흉내를 내가면서 (책상을 치며) "누나 이럴 때 이랬잖아요" 그런 얘기를 하는 거예요. 근데 늘 우리 예진이가 했던 습관이고 했던 장난이었는데 나는 그걸 까먹었던 거야, 까먹었던 거야.

영만 엄마   잊어버리고 있었어, 잠시라도.

예진 엄마   까먹었던 거야. 근데 우리 아들은 그걸 기억하고…. 우리 예진이가 장난할 때 내가 (핸드폰을 들고) "예진아 핸드폰 하지…" 그러면 "어" 이러고 (핸드폰 내려놓으면서) 바로 대답하는 그런 게 있어서 그러면 우리는 웃고 이랬거든. 근데 그게 늘 습관이었는데 그걸 내가 까먹었던 거야. 습관이, 습관을, 습관도 까먹었다는 것 자체가 '그러면 내가 이것조차 까먹었는데 알지 못하게 잃어버린, 잊혀진 게 얼마나 많았지? 얼마나 많을까?' 이런 생각이 너무너무 그날 막 마음이 무거웠어. 우리 아들한테 고마웠고, 말도 안 하던 애가… 자기 누나에 대해서 기억이 다 있더라고.

동수 엄마   언닌 까먹었지? 난 반대야. 나는 △△이 보면서 동수를 찾고 있더라.

면담자   어떤 배역을 맡고 또 어떤 활동을 하시든 후회스럽지 않고 또 한스럽지 않으시겠어요. 제가 괜한 질문을 꺼내서 그렇긴 한데….

예진 엄마   괜한 건 없어요(웃음).

면담자   오늘 어렵고 힘든 일들을 말씀해 주시면서 이렇게 서로서로 다독여 주시는 모습들이 많이 보였어요. 그래서 연극 하시면서 아마 옆에 계신 부모님들도 서로 의지가 많이 되셨을 것 같아요.

영만 엄마   '가장 편하고, 다 똑같은 마음이고' 이런 생각인 거지. 어떨 때는 말하지 않아도 그냥 (엄마들을 가리키며) 이 엄마의 눈을 쳐다보면 그냥 슬픈 거예요, 저 엄마 생각이 나하고 똑같으니깐, 아픔이 나하고 똑같으니깐. 그런 걸 느낄 때 슬픈 게 제일…, 저는 그래요, 다른 우리 가족들 누구 엄마들의 눈물을 보는 게 가장 슬퍼요. 제 물론 감정도 있지만, 이 아픔을, 나하고 똑같은 아픔을 느끼고 있고 갖고 있다는 거에 이 가족들의 엄마들의 눈물을 볼 때가 저는 가장 슬픈 것 같아.

예진 엄마   그러니깐 이제 감정의 기복이 다 똑같진 않잖아요. 근데 내가 막 굉장히 힘들 때 반대로 다른 엄마는 그보다 조금 그나마 괜찮은 날이 있을 거고, 그럴 때 오해가 많이 있는 것 같아요. 왜냐면 이제 감정의 기복이 그나마 컨디션이라고 그러면, 그나마 견딜 만할, 수 있는 날 [내가] 이렇게 얘기를 했는데, 엄청 다운되고 그날따라 더 힘들고 애가 너무 보고 싶어서 죽고 싶을 정도로 힘든데, 그 사람 앞에서 예를 들어서 농담 같은 걸 하거나, 그전에는 아무렇지 않게 주고받았던 게 쌓였던 게 그 사람한테 상처가 됐던 거, 그게 모르게 쌓였던 게 나중에 보니깐 있었더라고요. '서로 너무 잘 안다'고 생각했기 때문에 그런 오해가 있었던 거를 제가 최근에 알았거든요. 그래서 '아, 다 감정이 그때그때 다 다르기 때문에 조심해야 되겠다'는 생각을 했었던 것 같아.

순범 엄마   그래도 부모들이 제일 의지가 되죠. 왜냐면 어… 그냥 우리 가족끼리는 그냥 옆에 있어도 다 그 마음을 알기 때문에, 무슨 말을 해도 말을 좀 버벅거리고 좀 글자를 잘못 쓴다 한들 엄마들은 다 그걸 다 읽고 다 캐치를 한다는 거죠. 우리가 뭐 (글씨 쓰는 시늉을 하며) 카톡을 하다가 글씨를 막 잘못 썼어. 그러면 그 말을 다 그냥 알아들을 정도로 우리 엄마들하고는… 정말 그 표현으로는 표현할 수 없어도, 그래도 내가 웃을 수 있는 곳이라면 (손을 엄마들 쪽으로 펴 보임) 우리 부모들 앞에서는 정말 우리가 마음껏 웃을 수가 있어요. 그치만 어… 이 사람들 아닌 다른 사람들하고는 좀 웃는다는 게 솔직히 쉽지는 않거든요. 그래서 혼자 있을 때보다 이렇게 같이 있을 때 많이 의지하고 사는 거지.

예진 엄마   그리고 솔직히 허물없는 사람들이 어디 있겠어요. 같이 이렇게 벌써 그 60몇 회씩 공연하고 그러면 그 하루만 해도 거의 막 8시간 이상을 같이 붙어 있는데, 장단점이…, 자기 남편하고도 아이하고도 그리고 그러는데 아무려면은 부딪히고 이런 거…, 티는 안 냈지만 많이 있을 거 아니에요. 근데 그런 단점이 보여도 우리 가족이기 때문에 밖에다는 얘기하고 싶지 않은 거죠. 그냥 내 식구한테 욕하는 것 같고 그러니깐 그런 게 또 있어요.

순범 엄마   (잠시 침묵) 어떻게 다 똑같은 한마음이 될 수가 있겠어, 사실은. (동수 엄마 : 맞아) 그래도 다 아픈 사람들이니깐 서로 안고 보듬고 가야지. 우리를 누가…, 솔직히 안아주기도 하지만 우리가 진짜….

김태현   우리가 서로서로 안아주지 않으면….

순범 엄마   응. 결국에는 저희만 남을 거예요, 끝에 가서는, 솔직히 얘기하면.

예진 엄마   그 전에 죽을 거야.

순범 엄마   아니, 그 전에 죽으면 좋겠지만.

김태현   "좋겠지만"이래(웃음).

순범 엄마   그래도 결국에는 진짜 우리 가족만이 남을 거예요. 그렇지만 우리 가족이 그렇게 꼭 뭉쳐 있지 않으면 어떻게 해요. 우리라도 아직까진 꼭꼭 뭉쳐 있어야지, 결국엔 우리밖에 안 남을 건데. 그런 생각 안 할 수는 없어요, 사실 솔직하게 얘기해서. (면담자와 촬영자를 바라보며) 선생님들 여기 지금 뭐 이렇게 기록은 하고 있어도 우리가 10년, 20년 싸워야 되고 그러면 옆에 있을 수 있어? 못 하잖아(일동 웃음).

동수 엄마   이런 직구, 직구를 날리고.

영만 엄마   난 언니 반댄데? 난 언니 반대야.

예진 엄마   반댈세.

순범 엄마   아, 있어. 그러니깐 다 그런 건 아닌데….

영만 엄마   아니 이 세월호 참사의 진상 규명이 멈추지는 않을 거라고 생각해. 왜냐면 온 국민이 다 이 참사를 지켜보고, 그리고 예전에 어떤 참사… 늘 우리가 말하는 것처럼 [참사 이전과는] 다르다고 이야기하잖아. 그럼 예전에 만약에 광주항쟁 이런 것도 그때는 뭐 우리가 정확하게 알고 있진 않았지만 시간이 흘렀어도 그거에 대한 투쟁을 계속 이어가지는 않았지만, 이 세월호 참사의 진상 규명은 지금처럼, 뭐 지금 곳곳에서 사람들이 뭐 많이 떨어져 동력이 떨어져 나가긴 했다고는 하지만, 정말 좀 정의로운 사람들, 이 참사에 대해서도 진실을 알고 싶어 하는 사람들은 수많은 사람들이 있잖아, 우리 말고도.

순범 엄마　　어, 응… 많지. 많은데, 그것까지는 생각을 안 해도 되기는 되지만 그래도 그거는 좀 생각하면서 우리가 더 힘을 받아가지고 같이 더 뭉쳐야 된다는 얘기야.

예진 엄마　　응, (순범 엄마 쪽으로 손을 뻗으며) 뭉쳐야 된다는 게 더 주야.

순범 엄마　　어, 어. 내 말은 그 말이야(웃음). 그렇지만 그래도 더 우리가 더 뭉쳐 있어서 (예진 엄마 : 얼굴 빨개졌어) 우리가 더 뭉쳐 있어야 저들이 우리를 무서워해야 된다는 거야. 근데 지금 내가 어제 촛불집회를 갔다 왔잖아요. 사실 제가 힘이 났어요, '아, 이제 또 두 번째 촛불이 저들을 또 무너트릴 시기가 (주먹을 휘두르며) 이제 시작이 됐구나'.

동수 엄마　　(웃으며) 투쟁, 투쟁, 투쟁.

순범 엄마　　어. '이제 됐구나', (주먹을 휘두르며) '이제 다시 뭉쳐야 되는구나' 이거예요. 어제 막 진짜 막 얘기를 하고 왔는데, 우리 진짜 다시 뭉쳐서 촛불집회에서 어떤 년을 탄핵을 시켰잖아요(일동 웃음). 그렇게 저 한국당 저 자유 머시기들을 또 무너뜨려야 된다는 얘기야. 나는 꼭 무너뜨릴 것 같아요.

애진 엄마   "나는 여자이기 이전에 권순범 엄마다. 끝까징 간다" (웃음).

순범 엄마   아, 흥분했나. 어제는, 너무 있잖아, '그래서 우리 가족들 좀 더 뭉쳐 있어야 된다' 내가 그게 보였어. 어제 노란 옷을 좍 입었는데….

영만 엄마   이 가슴에서 불이 확 올랐다고?

순범 엄마   가슴에서 이게 (양 손바닥을 천천히 들어 올리며) 내가 나도 모르게 이게 이게 막 올라오는 거야.

예진 엄마   어제 애진 아버님, 그 노인네들한테 머리 쥐어뜯기고 이러셨대. 예은 언니가 피케팅하는데 주변에 완전 둘러쌓였대, 막 쌍욕 하고 막.

애진 엄마   어… 맞아. 그러셨다고 하더라.

김태현   예은 엄마한테?

예진 엄마   예, 막 그랬었대. 그런 와중에 아버님이 구출하러 간 거지. 그래서 막 머리 쥐어뜯기고 (애진 엄마 머리 뜯는 시늉) 막 그랬대.

애진 엄마   (한숨 쉬며) 진짜 정의로운, 진짜 정의로운 사람이야.

예진 엄마   그래서 우리 이렇게 피케팅을 하는데 경찰들이 있잖아, 그 태극기 부대가 죽 들어가니깐 막 (손가락질하며) 지랄들을 하는 거야. 막 (계속 손가락질하며) 이렇게 하니깐 (순범 엄마 : 다 막았어) 우리를 막더라고, 이렇게. 그래서 여경한테 "저기요? 여기 왜 막아요?" 그러니깐….

순범 엄마   쟤네들 시끄러우니깐.

예진 엄마   아니, 시비를 거니깐 싸움을 말리려고. [그래서] "저희
괜찮아요. 좀 이것 좀 보게요" [했다는데], 아니 붙으면 되지, 까짓 거
(일동 웃음).

동수 엄마   우리가 이제는 무서울 게 뭐가 있어.

예진 엄마   장갑도 끼고 왔겠다, 가죽 장갑도(장갑 끼는 시늉).

순범 엄마   (삿대질을 하며) 그래서, 그래서 절대 이제는 빠지면 안
된다는 얘기야. 노란 옷을 없어도 챙겨가지고 와서 입히란 얘기야.

면담자   어머님들 잠깐 정리 좀 하겠습니다.

순범 엄마   제가 너무 흥분했습니다(웃음).

16
가족극단 운영과 다른 유가족들의 반응

면담자   네, 이제 마지막 부분만 여쭤보면 되는데요. 그 전에 제
가 여쭤보지 못했던 몇 가지 사항들만 잠깐 확인하고 진행하겠습니
다. 지금 극단의 운영 경비는 어떻게 지원을 받고 있으신지요?

영만 엄마   (김태현을 가리키며) 그건 여기 감독님이 잘 아시겠네.

면담자   경비는 온마음센터로부터 지원받고 계신 건가요?

김태현   기본적으로는, 온마음센터로부터 지원받는 것이 공연 제작비, 그다음에 제가 지금 일주일에 한 번씩 저랑 김영은 쌤이랑 이제 말하자면 교육을 진행하는 거기 때문에 교육 강사비, 그리고 1년에 한 차례 정도 기획 공연을 할 수 있는 그런 비용. 크게 이 세 가지를 지원을 받고 있고요. 매 회차마다 섭외 공연을 다니는 곳에서는 (손가락을 하나씩 꼽으며) 배우들이 타고 다니는 버스 대절, 세트를 싣고 갈 화물차 비용, 그다음에 어쨌건 전문 연극인들이 붙어가지고 스탭 역할을 하니깐 스탭 인건비, 이 세 가지 정도를 그쪽에다가 요구를 해요. 그럼 그쪽에서 공연비 조로 좀 주시면 그것들로 이제 운영을 하고 있는 상황이죠.

면담자   공연 일정은 어떻게 잡으시나요?

김태현   어, 섭외가 오면….

면담자   섭외도 온마음센터를 통해서인가요?

김태현   아뇨, 아뇨. 저에게 바로 오는 경우가 많아요. 저는 어머님들께 이제 카톡 방에 공유하고, 된다고 하면 그 날짜를 다시 [확정]해서 다니는 거죠.

면담자   제가 이걸 여쭤보려고 확인한 거였는데요. 어머님들께서 단원고에서 공연을 하려고 하셨다가 못 했던 일이 있었잖아요. 앞에서 못 여쭤봐서 간단하게 여쭙겠습니다. 그때 섭외는 어떻게 들어왔고 또 어떤 과정으로 공연이 무산된 건가요?

김태현   (한숨을 쉬며) 이제 시작은 굉장히 어… 시작은 되게 따뜻했어요, 그러니깐 단원고에 있는 교사들이…. (면담자 : 2018년이죠?) 네, 네. "어머님들의 공연을 단원고로 모셔서 공연을 하고 싶다"라고 제안이 들어왔고 이 문제를 두고 우리는 신중하게 얘기했어요. (어머님들을 쭉 가리키며) 왜냐면 단원고등학교 안에 들어가서 공연하는 것이 심리적인 면에 있어서도 고려해야 될 바가 있을 것 같아서 신중하게 협의를 하다가 "아무리 힘들더라도 우리가 들어가자. 들어가서 후배들에게 공연을 보여주자"라고 이제 어렵게 결심을 하고 추진 중이었는데…, 결재가 올라가다가 짤린 거예요. 아니지, 결재가 올라가다 짤린 게 아니고… 암튼 엄밀히 표현하면 그거를 공연을 추진하려고 했던 교사들은 '문화예술행사'라는 명칭으로 결재를 받고 그냥 해버리려고 했던 과정이었어요. 근데 [가족극단] '노란리본'이 단원고등학교에 들어가서 공연한다고 하는 것이 소문이 안 날 수가 없잖아요. 그래서 알게 된 거야, 학교 당국에서. 그래서 짤린 거죠.

면담자　　결국에는 결정권자인 교장선생님이나 교감선생님 선에서 자른 거겠네요.

김태현　　맞아요, 맞아요. 교사들이 그냥, 그냥, "'노란리본' 공연을 하겠습니다"라고 하면 당연히 짤릴 걸 알았기 때문에 문화예술 공연으로 하려고 했던 건데, 이제 정보가….

영만 엄마　　그랬구나. 아유… 좀 더 잘하지 그랬어.

동수 엄마　　근데 그때 저희가 더 아팠던 거는, 우리가 갈까 말까 고민했던 거는 우리 멤버들이 아플까 봐서 갈까 말까였는데, 그런 거를 고려도 않고 선생님이 추진했다고. 그것도 거짓말하고 추진했다는 게 저는 솔직히 너무 기분 나빴었어요.

예진 엄마   거짓말은 아니야.

동수 엄마   아니 그분은 거짓말[한 것이] 아니라, 일단은 우리가 한다고 밝히지 않았잖아. 그 추진 중에 우리한테 이제 [제안이] 온 거잖아. 우리는 그러니깐… 나는 어차피 단원고에서….

김태현   엄밀하게 표[현]하면 거짓말을 했다기보다는 숨기고 이제 가려고 했던 건데….

동수 엄마   숨겼던 건데, 내 개인적으로는 더 신중해야 했다는 거야. 설명 들었을 때는 이미 교장, 교감, 학교 다 허락받고 우리한테 떳떳하게 부른 줄 알았어요.

김태현   저희도, 저희도 처음에는 그런 건 줄 알고….

면담자   모든 것이 다 결정이 난 줄 알았는데….

동수 엄마   그럼요. 우리를 부른 건 줄 알고, 갈까 말까 이제, (자신 쪽으로 손짓하며) 우리가 아플까 봐.

예진 엄마   그 단원고에 대해서 감정이 저희가 안 좋거든요. 절대 안 좋거든요.

동수 엄마   좋지도 않고, 또 애들 모교 가서 내가 교복을 입고 한다는 게 쉽지 않은 결정이었기 때문에, 그래서 우리끼리 고민을 했던 건데, 알고 봤더니 그게 아니었던 거야. (김태현 : 그러니까요) 너무 상처가 컸던 거지.

김태현 　　　공연 섭외가 들어왔을 때는 당연히 그런 것들이 해결된 상태에서 온 거라고 생각했고. 그래서 "단원고에서 공연 섭외가 들어왔어요"라고 했을 때 엄마들도 처음에 안 믿, 못 믿었었고, 가족협의회에서도 "그럴 리가 없을 텐데?"였어요. 그렇지만 "아, 들어왔어요" 하고 준비를 하고 있었는데 한 1, 2주 후에….

동수 엄마 　　　그게 들통났던 게 "그럼 정식적으로 가협에 공문서 넣어주세요" 했어. 그러면서 그게 가족극단인 걸 알아버린 거야. (김태현 : 맞네요) 예. 그러면서 이게 커졌었어, 일이.

면담자 　　　아직 희생자 형제자매들이 단원고에 다니는 친구들이 아직 있고, 그런 점에서 정말 쉽지 않으신 결정이었을 것 같아요. 근데 이게 좀 허망하다면 허망하게 결과가 나와버려서….

예진 엄마 　　　더 싫어졌죠.

동수 엄마 　　　그때 또 많이 상처받았죠, 저희가. 그때 상처받고 두 번째 받은 게 이제 시흥시청이고, 시흥시청[에서]도 캔슬당했으니깐.

면담자 　　　어떻게 되었나요?

애진 엄마 　　　어, 단원고 교복이 아니면 할 수 있다고, 바꾸면 어떻냐고 물어봤어요.

면담자 　　　단원고 교복이 아닌 다른 걸로 입으라고요?

영만 엄마 　　　예, 단원고 교복 아닌 걸로 입으라고.

동수 엄마 　　　그래서 저희가 안 한다 그랬어요.

영만 엄마 〈이웃〉은 여기 두 분만 입는데도 불구하고. 〈장기자랑〉은 절대 안 부르겠네. 다섯 명, 여섯 명이 입으면 다 입으니깐.

동수 엄마 아니 어차피 세월호 엄마들인데 왜 단원고 교복 안 된다는 거야. 차라리 그러지 말았어야지. (가슴을 치며) 너무 상처가 된 거야, 그때.

예진 엄마 하나의 문화 행사로만 생각했던 거지, 이거 세월호를 알리려고 하는 게 아니라.

수인 엄마 우리가 코믹극이라 코미디언인 줄 알았나?

동수 엄마 어차피 교복 입든 안 입든 세월호 엄마들이면 정치… 어차피 들어가는 건데 "단원고, 단원고라서 안 된다"는 거, 그건 거짓말이잖아요. 딱 어떤 방향이, 시장님은 어차피 진보다 보니깐 어떻게든 하고 싶었겠지만 그 밑에 이제 시의원들은 아니었던 거지. 그러니깐 핑계를 댈 게 없으니깐 "단원고 교복 아니면 괜찮겠습니다" 했던 거겠죠, 그쪽에서는. 그러면서 그게… 참 아픈 케이스였죠. 모르겠어, (떨리는 목소리로) 아직까지는 저는 음… 그런 게 힘든… 거였죠.

면담자 알겠습니다. 사소한 거 하나만 더 여쭙고 지나갈게요. 공연 수익, 수익이 발생하잖아요. 정말 남는지 안 남는지는 저는 모르겠습니다마는, 그 수익은 어떻게 처리가 되는지요?

김태현 그 극단 내에 지금 현재로서는 수인 어머님이 대표님이셔서, [대표] 명의의 통장을 만들어놓고 공연 회당 지출하고 남는 비용이… 뭐 어떨 때는 20만 원, 뭐 어떨 때는 아예 안 남기도 하고, 어떨 때는 우리가 더 쓰기도 하고. (영만 엄마 : 마이너스) 이런 조건들이 있어요. 그래서 그렇게 하다가 여기 쌓이는 돈은 차기 작품 제작비로 일단 계속 모아두고 있는 것이고, 한 번 정도는 가족협의회에 얼마간의 금액을 후원을 하는 것이고, 또 우리들끼리 (손을 엄마들 쪽으로 빙빙 돌리며) '연말 시상식' 같은 것을 할 때라든지, 뭐 이런 거 할 때 이렇게 상품으로 준다든가 뭐 이런 걸로 쓰고 있어요.

면담자   연말 시상식이 있군요.

김태현   연말 시상식이 있습니다.

영만 엄마   두 번 했는데, 옐로 카펫 깔아놓고.

순범 엄마   저희 상도 받았어요.

수인 엄마   저희 노란, 옐로 카페트[카펫]에서 상도 받았어요. '함께 이웃해주 상', '연기과 지원하 상', '엉덩이춤 상'….

영만 엄마   저는 '사랑의 빳데리 상', '간지 뿜뿜 스웩 상'(웃음).

예진 엄마   (애진 엄마에게) '그만 이뻐지 상'?

동수 엄마   저는 말 안 할래.

김태현   어, 왜요. '볼빨간사춘기 상' 있었잖아요.

동수 엄마   아, 그런가? (손바닥을 뒤집어 가며) '전 세계 부치는 상' 도 있었어.

영만 엄마   그래서 우리 그거 저 옐로 카펫 딱 깔아놓고 있었죠.

순범 엄마   노란 옐로 카펫.

동수 엄마 그날은 그냥 저희끼리 즐거운 날로 하루….

예진 엄마 사회 보시는 스탭분들도 다 이런 분야에 계신 분들이라 얼마나 깜짝깜짝 놀래게 연출을 잘하는지, 아이고….

영만 엄마 (웃으며) 준비를, 준비를 잘해가지고.

면담자 그럼 지금 역대 수상자들 모셔놓고 얘기 나누고 있었던 거네요(웃음).

순범 엄마 여기 다 수상자들이야.

김태현 그럼요.

면담자 네. 그러면 혹시 가협의 대외협력분과로부터 도움을 받거나 연계가 되는 일은 잘 없는가요?

동수 엄마 잘 없어요.

순범 엄마 대협분과도 제가 팀장을 맡고 있지만.

애진 엄마 여기 팀장님 계시네.

순범 엄마 응, 근데 그거하고는 또 별개니깐. 왜냐하면 팀별로 이제 (수인 엄마 등을 치며) 우리 수인 언니가 또 여기 대표잖아요. 이제 분야별로 다 있기 때문에….

동수 엄마 저희가 처음 출발이 가협도 아니었고요, 온마음센터도 아니었어요, 자체로, 자체로 출발했기 때문에. 물론 가족협의회 소속이긴 하지만 "자체로 가자" 해서 자체로 갔던 거거든요. 그러다가 온마음센터에서 (숟가락 올리는 시늉을 하며) 숟가락 올린 거고. 그랬기 때문에 저희는 "가협에 피해만 안 주면 된다" 그거였었어요. 저희 활동이 "가협에 피해를 주면 안 된다", "온마음센터? 그래, 너희 숟가락 얹어라" 했던 거거든요. 근데 이 사람들이 욕심이 나서 올해는 막 (김태현을 가리키며) 아까 말했듯이 갑자기 재료비를… 우리 소품비를 책정해 주고 차도 대여해 주고 밥값도 많이 주고 이러더라고요. 사실은 그게 아니었거든, 저희가 처음부터 그렇게 풍족하게.

김태현   (손을 점점 높이 들면서) 이제 활동으로 쭉 쭉 쭉 많이 지원을.

동수 엄마   처음부터 그렇게 지원을 해줬던 건 사실 아니에요, 저희 자체로 다…. 물론, 이제 처음에는 저희가 거기 쪽에서 다 그러니깐 최소한 금액이 뭐 합의 보고 갔던 거지.

수인 엄마   정말로 숟가락이라고 해야지.

동수 엄마   숟가락 올린 거예요. 정확한 표현이에요, 그게.

예진 엄마   (수인 엄마에게) 왕숟가락 올렸지?

동수 엄마   지금은 왕숟가락이죠.

수인 엄마   왕숟가락이고, 금액으로 옛날에 비해서 왕숟가락이지, 작품 하나를 만들기 위한 제작비로 하면 2000만 원 이상 책정을 해야 되는데, 거기에 진짜 (분수로 나누는 모양을 손으로 표시하며) 으으으 분의 일을 책정해 놓고, 그 안에서 일단 지원해 준다는 명목은 맞지만, 그걸로 하려면 턱없이 부족하죠.

순범 엄마   쨉도 안 된다.

동수 엄마   작년엔 제작비도 안 줬어. 올해는 준 거야.

김태현   그나마 이제 올해 오면[서] 조금 많이 생긴 거고. 근데 어쨌건 이제 조수연 선생님이 헌신적으로 지원해 준 것은 굉장한 고마웠다고 생각해요.

수인 엄마   (고개를 끄덕이며) 그렇죠. 그분의 마음인 거죠, 지금 우리가 받고 있는 건.

김태현   온마음센터 직원이 헌신적으로 해주고 있는 것은 굉장히 큰 고마움이고.

면담자   방금 가족극단은 자체로 운영된다고 하셨지만, 그렇다고 하더라도 가협과 가족극단은 아마 떼려야 뗄 수 없는….

순범 엄마   같이 가니간.

애진 엄마   한 목표로 가니간.

수인 엄마   예, 같이 가야 하니까요.

동수 엄마   저희가 가협 회원들이니까요.

면담자   그렇죠. 지금 어머님들이 모두 활동의 중심에 계시는 분들이잖아요. 어딜 가나 눈에 띄는 순범 어머님만 봐도(웃음). 그러면 연극이라는 걸 통해서 활동을 한다는 것에 대해서 다른 유가족분들은 어떻게 생각하셨는지도 궁금합니다.

순범 엄마   내가 첫 번째 공연을 안 했잖아요. 그냥 밖에 있는 입장에서 내가 들었을 때는, 그때 당시에 "아유, 연극을 왜, 연극을 왜 해?"

막 이런 사람들 되게 많았었어요. 그리고 "아니 지금 여기가… 연극을
왜 해?" 이런 사람들 있었지. 근데….

면담자　　　그러니까 '지금 진상 규명을 위한 투쟁에 집중해야 하
는데 왜 연극을 하냐?' 이런 의견이 있었겠죠?

동수 엄마　　(손을 들며) 그 사람이 우리 신랑.

순범 엄마　　응, 그런 사람도 있었어. 사실 나도 처음에는 합창이나
연극이니… 솔직히 솔직하게 얘기해서, 처음 그때 15년에 한창 막 진
짜 도보하고 막 뛰어다니고 이럴 때 '정말 활동 많이 해야 되는데' 하
는 생각에 조금….

김태현　　　한가한가 보다?

순범 엄마　　'아유… 왜… 왜 저런 걸 해?'

예진 엄마　　솔직하게 조금이야, 많이야? (웃음)

순범 엄마　　솔직하게 많이 그랬지. 좀 서운했지. 근데 내가 연극을
딱 보고 나서 생각이 좀 바뀌었어. '와' [하고] 생각이 많이 바뀌었지. 조
금이 아니라 많이 바뀌었지. 바뀌면서 '와… 저렇게 이제 또 알리면 되
는구나'라는 생각을 그때야 한 거야. 그걸 보고 내가 또 그 동수가 이
[연극을 같이 하자는] 얘기 했을 때 흔쾌히, 되게…, 대답을 한 건지도 몰
라. 그러니깐 그게 많이 (손으로 원을 커다랗게 그리며) 너무 좋았고….

동수 엄마　　많은 감동들이 있었을 거야.

순범 엄마　　[연극을 통해] 너무 많은 알림을 할 수 있다는 그런 거를

보았고, 그러고 나서 이제 그런 소리가 들리면? 내가 그냥 안 놔두지, (삿대질을 하며) "너 이거 연극 봤어? 봤냐, 안 봤냐? 보고 얘기해라".

김태현   (웃으며) "봤냐, 안 봤냐".

순범 엄마   (끄덕이며) 어. "연극을 통해서 얼마나 많은 사람들에게 전달이 되고, 알릴 수 있는 길인지 보기냐 했냐"고 [그러니까] 이제 그 다음부터는 그 얘기가 거의 들어갔어.

영만 엄마   지금 얘기하는데, 아까도 언니가 이 얘기할 때 제가 하고 싶은 얘기가 있었었는데요. 우리가 가족들한테 공연을 보여주려고 기획한 게 [2016년] 12월 그때 20일인가 그때 여기 경기도 미술관에서 그 공연을 일부러 잡은 게, '가족들이 정말 많이 와서 봤으면 좋겠다'는 생각으로 거기서 공연을 하게 된 거였는데, 그때 저는 너무 많이 실망했어요. 그때가, 그리고 그 당시에는 가족들 총회가 거의 매주에 있어서 일부러 총회 시간 전에 볼 수 있게 시간도 그렇게 다 안배를 하고 했던 건데, 가족들이 거의 보러 안 왔어요. 한 20명이나 왔을까? 그것도 늘 오는 사람들 아니면 거기에 그… 재단 때문에인가 뭐 때문에 서명받으러 오는 그분들만 지금 뭐 한 대여섯 명 왔었고, 가족들이 거의 안 보러 온 거예요. 그래서 그때 너무 많이 실망했거든요. 그래서 가족들도 이런 연극을 통해서 지금 저희가 '이제 배우가 좀 부족하니깐 또 많은 엄마들이 함께했으면 좋겠다'는 생각으로….

동수 엄마   아닌데? 그때는 좀 많이 왔는데?

영만 엄마   많이 안 왔어.

순범 엄마   많이 안 왔어도, 그래도 좀… 왜 그러냐면, 그때 당시에는 홍보도 그렇게 많이 되지 않았어.

영만 엄마   홍보를 떠나서 그 당시 마음에는 약간… (순범 엄마를 가리키며) 언니 같은 생각을 하고 있고, 거의 좀 뭐라 그럴까? 이렇게 시샘하거나 질투하는 마음도 없지 않아 있는 것 같아요, 우리가 하는 거에 있어서. 그러니깐 함께 그냥 하고 싶으면 하면 좋은데, "그냥 뭐 엄마들이 지들 좋아서 한다", 처음엔 그런 소리도 들었어요, "자기들이 하고 싶어서, 지가 좋아서 한다". 물론 좋아서 해야지 잘할 수 있는 거라고 저는 생각을 하거든요. 근데 그런 이야기들을 듣고 하면서 많이 상처도 됐는데, 아까 얘기한 것처럼 합창단도 그렇고 뭐 연극단도 그렇고 지금은 그 어떤 그 저기보다도 활발하게 활동하고 있고, 사람들이 편안하게, 그러니깐 간담회라는 형식은 딱딱하게 사람하고 뭐 앉혀놓고 세워놓고 뭐 "이건 이렇습니다. 저렇습니다" [하잖아요]. 그렇게 하는 간담회도 처음에는 그런 간담회를 할 수밖에 없었던 상황이었지만, 그런 간담회와는 다르게 정말 이렇게 편안하게 자유롭게 이런 연극이나 음악을 통해서 사람들을 만나는 게 제일 편하게 만날 수 있는 것 같아서 너무 저는 이걸 좋은 거라고 생각을 했어요.

면담자   아마 또 한편으로 다른 유가족분들 입장에서는 함께 투쟁을 했던 어머님들이 당신들의 이야기를 연극으로 직접 하는 것을 보는 것부터 힘드셨을 것 같아요.

영만 엄마   그럴 수도 있을 것 같아.

순범 엄마   근데 지금은 많이 또 응원을 해.

동수 엄마   아니, 동수 아빠가 얘기하는 게, [역량이] 분산될까 봐 그렇다고.

영만 엄마   응, 투쟁[에 모두] 가야 되는데.

동수 엄마   그 당시에 연극반이 있고 합창부가 있었고 그리고 기억 저장소가 있었고 그러다 보니깐 엄마들이 분야 분야 다 흩어졌잖아요. 사실은 엄마들이 주된 투쟁 [동력]이었는데, 그러다 보니깐 "동력을 잃을까 봐" 그 얘기를 하더라고요, 동력을 잃을까 봐. 사실은 [가족협의회] 집행부에서 더 안 좋아했었어요. 그러니깐 그 당시만 해도 내 신랑이 집행부였지만, 동력 잃을까 봐 그렇다고. 물론 기억저장소 정말 중요해요. 그리고 교실 [존치 투쟁]도 중요하고, 우리 연극반도 중요하고. 근데 어디 투쟁하러 갈 때 "나 이거 이거 있어서 못 가" 이러면, 공연 있어서 못 가고, 기억저장소 있어야 되니깐 안 되고, 합창부 공연 있고 이런 식으로. 미리미리 일정이 다 잡혀 있잖아. 그러다 보니깐 동력 잃을까 봐 조금 우려했다고 하더라고. 그리고 연극하기 전에 먼저 합창단이 있었잖아요. 한참 전에 먼저 있었고 그다음에 기억저장소도 있었고, 그러다 보니깐 자꾸자꾸 잃을까 봐 그런 얘기들을 조금 했던 거야, 안 좋은 얘기들을. "물론 이것도 중요하지만 지금 [중요한 것은] 진상 규명 아니냐" 했던 것이, 그 화살이 이제 연극[에]도 왔던 거죠, 주위에서. 처음에 연극을 우리가 〈옷장〉을 했잖아요. 〈옷장〉은 우리 세월호 얘기도 아니고 그러다 보니깐 더 공격을 사실 많이 받았어요, 저희가.

영만 엄마   "니네가 좋은 것만 하냐"고.

동수 엄마　　　어, 투쟁해야 되는데. 그때 더 그랬던 것 같아요. 그리고 〈이웃〉 하면서 확 바뀌었었어, 솔직히 말하면.

예진 엄마　　　집행부에서 이렇게 얘기하는 거 난 100프로 이해 해. (동수 엄마 : 이해하지) 왜냐면 가족들을 같이 (손을 모아서 허공으로 보내는 시늉) 이렇게, 이렇게 해야 되니깐. (영만 엄마를 가리키며) 근데 언니가 말했던 거는 난 이 언니 말에 완전히 공감을 해. 이런 부류의 사람들이 더 많았거든.

영만 엄마　　　그러니깐, "니들이 좋아서, 지가 좋은 것만, 지 하고 싶은 것만 하냐"고.

순범 엄마　　　근데 지금은 이제 또 상황이 달라졌고, 또 우리는 극단이 이제 가족으로 또 같이 함께 가는 거고 그러니깐….

면담자　　　방금 〈이웃〉 공연하면서 집행부의 생각이 바뀌었다고 하셨죠?

영만 엄마　　　(손으로 받쳐 올리는 시늉을 하며) 이제 그것도 완전히, 완전히 응원을 받고 있는 거죠.

동수 엄마　　　집행부에서 "어? 이거 괜찮겠다" 했던 거예요.

예진 엄마　　　그리고 또 이제 정권이 바뀐 뒤라서 더 투쟁 동력이 확 갈 수 있는 자리가 없어져서 저희가 찾아가는 입장이었고, 너무 무기력한 상태에서 저희 연극들을 불러줘서 가서 얘기할 수 있는 자리가 마련됐었으니깐 당연히 응원을 더 받았죠, 옛날보단 더.

순범 엄마　　　그리고 영석 아빠랑 그 [4·16]재단 하는 부모님들이 많이 따라다녔잖아요. 그래서 (크게 손짓하며) 이렇게 많은 사람들 앞에서 연극을 하는 걸 이제 많이 봤잖아요. 그리고 그 [관객으로 온] 사람들의 이야기도 들었을 거 아니에요, 본인들이 직접 다니면서. 그래서 더 많이 생각들이 바뀐 거예요.

영만 엄마   인정, 인정을 해줬죠.

예진 엄마   생각이 많이 바뀐 거예요.

동수 엄마   '아, 연극이 그냥 가서 하고 오는 게 아니구나'.

순범 엄마   그냥 하는 거 아니고, 힘들고 고생하고.

영만 엄마   엄마들이 힘들게 고생한다는 걸 안 거지.

동수 엄마   얼마나 긴 시간을 투자하고 연습을 하고, 또 관객들하고 울고 웃고 어떤 얘기를 하고 그걸 다 봤다고 하더라고.

순범 엄마   그러니깐 그게 버스를 같이 타고 가니깐 다 보는 거지.

예진 엄마   저희가 지방을 막 많이 가잖아요. 부산도 가고 거제도, 뭐… 안 간 데 없이 다 갔거든요. 그러면 그냥 가족들도, 물론 직접은 안 들어봤지만 주변에서 활동하시는 분들, 가까운 분들하고 얘기하면, "어휴, 너는 거제도도 가고 거기서 뭐 먹고 왔겠다. 뭐는 봤냐? 어 부산 갔으면 어디도 태종대도 가봤고 회는 먹고 왔냐?" 이렇게 얘기를 많이 해요. 그러니깐 연극하러 가는데, 사람들은 우리가 거기 가서 즐기고 오는… 그것도 하나의 일정으로 들어가는 줄 알아요. 근데 가족들이 저희하고 직접 같이 가보니깐 새벽에 일찍 가서 (손짓으로 책상에 네모 모양을 그리며) 그 공연장 거기에만 있다가 나가는 게…, 식당

이렇게만 갔다가 밤늦게 오고 그러거든요.

동수 엄마   그 식당이나 가면 다행이지? 그 공연장 안에서 김밥 도시락(웃음).

예진 엄마   그렇게 지방을 갔다 오는 거를 이제 보게 된 거죠. 그러니깐 '아, 이 사람들 활동이 우리가 생각했던 그게 아니구나' 느꼈던 거겠죠.

동수 엄마   가끔 그런 분 있었거든. "부산 갔으면 기장 어디 갔다 왔겠네? 갔다 오지 그냥 왔어?" 그러니깐 그렇게 얘기한 적도 있어요.

예진 엄마   그러니깐…. "왜 그냥 왔어, 거기까지 갔는데?" [하는 분들이] 굉장히 많아요. 근데 우린 그런 적이 없잖아. 부산 한 번은 멀어서 1박 하고 온 적은 있었지.

동수 엄마   그게 처음이자 마지막이지, 1박 한 날. 근데 그것도 너무 힘들어서 안 하기로 했지.

순범 엄마   경비가 많이 들고 너무 힘들고.

17
가족극단의 미래에 대한 기대

면담자   이제 마무리하는 질문으로 드리겠습니다. 우선 대표님이신 수인 어머님께 대표로 여쭤볼게요. 곧 시작될 〈장기자랑〉 공연을 잘하는 거 말고, 가족극단 '노란리본'에 가장 필요한 게 뭘까요?

수인 엄마　　　당연히….

영만 엄마　　　당연히 지원이지(웃음).

면담자　　　지원 말고도 다른 부모님들이 배우로 더 참여하신다든
가 여러 가지가 있을 것 같아요.

수인 엄마　　　이게 〈장기자랑〉이 아이들 이야기다 보니깐… 한 사람
이 다역을 하는 게 솔직히 좀 제일 어려운 부분일 수도 있어요. 그래
서 '각 아이들 나오는 것마다 각자 고유의 그런 배역을 맡아서 연기를
했으면' 하는 그게 제일 큰 아쉬움이거든요. 진짜 관심들을 가지고 와
서 '각자 맡은 아이가 자기 아이다' 생각하고 그렇게 좀 해주셨으면 하
는 게 제일 큰 바램이에요, 지금으로서는.

면담자　　　그러고 보니깐 왜 아버님들은 아무도 안 계세요?

(잠시 침묵 후 일동 웃음)

수인 엄마　　　처음부터 안 오셨고…. 저희가 〈이웃〉을 하다 보니깐,
말했잖아, [배우가] 부족하니깐 1인이 다섯 가지 역할도 하고 그러면
수시로 옷을 갈아입어야 돼요, 무대 뒤에서. 갔다 들어오면, 달리면서
옷 들고 있고 낚아채서 갈아입고, 바로 또 등장하고. 근데 그걸 아버
님하고 공유할 수는 없겠더라고요. 그래서 요번에 모집 공고를 내면
서 "아버님 제외"하고 "엄마들만 해주세요" 그랬더니 자신 있게 손 드
셨던 분이 있었는데 안 오시더라고요. 그분만은 좀 받아볼까 했는데.

동수 엄마　　　저희가 처음에는 아빠, 엄마 안 따지고 "4·16가족협의
회 단원고 부모들 다 된다"고 했어요. 그러다가 〈이웃〉 공연하면서

옷도 입고 막 그런 것도 있지만 우리끼리 부대끼는 게 너무 많은 거야. 근데 저희가 전문 배우였으면 아빠여도 (팔짱 끼는 시늉을 하며) 팔짱 끼고 안고 호흡할 텐데, 엄마, 아빠잖아요. 애들 엄마, 아빠다 보니깐 차마 그건 안 되겠더라고.

김태현   막 편한 관계는 아니니깐.

예진 엄마   그냥 배우들이면 상관없는데.

동수 엄마   당연하지. 뭐 배우들이면 옷 갈아입고 해도 어때요? 뭐 다 갈아입드만, 우리 저번에 보니깐. 근데 저희는 거기서는 배우가 아니더라고요, 엄마, 아빠더라고. 그래 가지고 이번에 얘기했죠. "이번에 우리 그냥 엄마로만 갑시다. 우리 안 그래도 그냥 엄마 극단인데" 했던 부분이 있어요(웃음).

예진 엄마   근데 괜찮은 것 같아요, 엄마 극단, 그죠?

동수 엄마   응, 엄마 극단.

김태현   충분히 뭐 남자 역할 다 하는데, 뭐.

영만 엄마   그러다 보니깐 (손을 들며) 제가 남자 전문 배운데요, 이번에는 여자예요(만세하며 웃음).

예진 엄마   (김태현에게) 저도 남자 [역]만 했어요. 〈옷장〉하고 영광이 할아버지하고 죄다 남자였어요. 내가 며칠 전 어젠가 그 〈옷장〉 공연한 거 할아버지 가발 쓴 걸 봤거든요. 어떻게 그런 가발을 썼나 몰라, 고슴도치 같아.

동수 엄마   (면담자를 보며) 마지막으로 넣고 싶은 게, "아이들의 꿈을 같이 이루어주실 엄마 배우 찾습니다" 꼭 넣어주세요.

수인 엄마   (동수 엄마 발언에 웃으며 박수)

면담자   이제 마지막 질문인데 한 분씩 돌아가면서 말씀해 주세요. 10년이나 20년 혹은 그 이후 미래의 가족극단의 모습을 어떻게 그리시는지, 혹은 다른 유가족분들이나 시민들에게 꼭 남기고 싶은 말, 두 가지 중에서 생각하셔서 말씀해 주시면 좋겠습니다.

애진 엄마   저는 가족극단이 이제… 우리가 지금 평균 나이가 사십오 정도 될 것 같아요.

동수 엄마   어머 언니, 더 돼요. (자신의 가슴을 치며) 막내가 사십육이야(웃음).

애진 엄마   아, 아, 오십 정도 되겠다, 오십. 평균 나이가 오십 다 되나? 오십 될 것 같아요. 그렇지만, 모르겠어요, 이제 배우는… 배우는 계속 이어져 나간다면 힘이 닿는 데까지, 한 80살까지는 할 수 있지 않을까? (일동 웃음) 또 나는… 희망이라면 우리가 이렇게 가면 우리 후배들을 키워야 되잖아요. 배우가 새로 온다면 지금 형제자매들 아니면 생존 학생 애들도 들어왔으면 좋겠다는 생각을 좀 해봐요. 그 아이들이 이제 우리가 팔십이 됐을 때 그 아이들이 만약에 우리 세월호를 계속 알릴 거라면 그때 친구의 역할을 할 수도 있잖아요, 형제자매들이. 아님 언니, 오빠의, 누나의 역할도 할 수 있고…. 그런 게 쭉 이어졌으면 좋겠다는 생각을 해요.

김태현   4·16가족극단 '노란리본'이 있는 조건에서 4·16가족극단 고등어[고등학생부가 생길 수도 있는 거잖아요, 트랙을 몇 개 놓고.

애진 엄마   (김태현을 가리키며) 어머, 진짜 괜찮다. 그런 거 괜찮고, 지금 〈이웃에 살고 이웃에 죽고〉가 너무 작품이 좋잖아요. 좋으니깐 말한 것처럼 (손으로 층층 쌓는 시늉) '만약에 문을 닫지 않고 계속 우리가 한 거를 이제 우리 밑에 오는 후배들이, 형제자매나 생존 학생들이 다시 우리랑 똑같은 〈이웃에 살고 이웃에 죽고〉를 똑같이 연기하고, 또 우리 〈장기자랑〉도 계속 가면 그 아이들이 또 약간은 각색을 좀 하든지 이렇게 했으면 좋겠다'는 생각을 좀 많이 해요.

예진 엄마   나중에 애정 갈 것 같지 않아? 나중에 내 다음 하는 애가 영광이 할아버지고, (얼굴에 손을 갖다 대며) "어머, 쟤가 영광이 할아버지야" 이렇게(일동 웃음).

수인 엄마   (손을 들며) "저희가 1대예요".

김태현   "자, 차렷. 열중쉬엇"(일동 웃음).

애진 엄마   그렇게 되면… 5·18 같은 경우가 벌써 39년이잖아요. 계속 싸움이 이어져 가잖아요. 그러면 우리 4·16 같은 경우도 어쩌면 이 진실이 미제로 남을 수도 있잖아요. (영만 엄마 : 안 돼) 않을 수도 있겠지만은, 혹시나 그럴 수 있겠지만, 우리가 팔, 구십. 30년을 봉해 놨잖아요. 30년이면 우리가 벌써 팔십이 되는 나이가 돼요.

예진 엄마   (손으로 얼굴을 감싸며) 그때 없었으면 좋겠다.

애진 엄마   예… 그렇지만 우리 연극, 가족극단 '노란리본'이 남아 있다면 거기에 대한, 만약에 30년의 거기에 대한 내용으로도 연극을 할 수 있잖아요. 그게 끊임없이 우리가 알리다 보면 혹시나 30년 후에도, 그다음 애들이, 그다음 애들이 진상을 밝히기 위해서 끝이 없이 싸움해 가지 않을까…. 그래서 우리 가족극단은 "끝까징", 계속 가야 될 것 같단 생각을 합니다.

예진 엄마   대본을 짜 왔나 봐요(일동 웃음).

김태현   아주 그냥 A4 한 장을 써 왔네, 써 왔어.

예진 엄마   이거를 위해서 뭘 외워 오고 쓰고 했던 것 같아요.

애진 엄마   그러니깐 "끝까징"으로 끝나잖아, "끝까징".

김태현   잘했어요. 그게 우리 시그니처니깐(일동 웃음).

면담자   다음 수인 어머님 말씀 부탁드릴게요.

수인 엄마   저 같은 경우는 이건 정말 꿈일 수 있지만, 〈이웃〉을 우리가 겪은 것을 토대로 해서 에피소드를 넣어가지고 재구성해서 했잖아요. 우리가 살아 있는 동안에 이 진상 규명이 어떤 방향으로 해서 어떻게 풀려서 어떤 결과가 나왔고 그거에 대한….

애진 엄마   작품을 했음 좋겠다는?

수인 엄마   어. 우리가 그 과정에서 어떻게 받아들이고 느끼고 풀어갔는지 그 부분을 우리 각자들이 연기할 수 있었으면 좋겠어요, 살아 있는 동안에. 그러면 우리가 끝까지 딱 진짜 마무리까지 하고 아이들 보러 가도 되는 거잖아, 가벼운 마음으로.

애진 엄마   (웃으며) "끝까징"으로 해줘.

수인 엄마   "끝까징", 죄송합니다(웃음).

예진 엄마   저는 이제 당장 뭐 이렇게 앞으로 몇십 년? 요것까지는 생각을 아직 깊게 생각 안 해봤고요. 그냥 이제 당장 다음 작품이 〈장기자랑〉이잖아요. 근데 자꾸 생각하면 가슴이 너무 아파요. 애들 교복을 입고 한다는 게 너무 아프긴 한데, '제가 그 교복을 입고 집에서 슬퍼하고 이러면 애들이 과연 좋아할까? 우리 예진이가 과연 좋아할까? 엄마가 너를 연기한다고 생각하며 사는데 즐겁게 했으면 좋겠지? 우리 엄마가 나 때문에 다시 힘들어져서 힘들어서 울고 맨날 이런 거 좋아할까?' 그렇게 생각 안 했으면 좋겠기 때문에, 이 〈장기자랑〉을 할 때만큼은 남들이 뭐라고 하든 말든 저는… 즐겁게 하려고 지금 계속 마음을 먹고 있거든요. 그 고등학교… 그 아이들처럼은 하진 못하겠지만 최대한 할 수 있는, 최대한 밝게 최대한 이렇게 막 춤 못 추는 것도 잘 추는 것처럼 해보고 싶고. 저는 일단 몇십 년 보기보다 지금… 지금 앞으로 당장 〈장기자랑〉을 정말 유쾌하게 아이들을 이야기하고 싶은 소망이 있어요.

영만 엄마   아니, 얼마나 더 할 수 있을지는 모르는 거잖아요. 제가 뭐 이거를 끝까지, 뭐 30년 뒤에도 제가 연극을 할 거라는 생각을 안 하니깐. 마음이야 있지만 뭐 여러 여건으로 몸이 힘들거나, 뭐 지금도 춤출 때 다리가 (몸을 양옆으로 꺾으며) 뚝뚝 소리가 나는데, (웃으며) 그러다 보니깐 저는 나름 그런 생각을 해봤어요. 이 연극이 재미가 있고 뭐 그렇긴 하지만 '나이가 들어서 우리가 TV에서 보는 배우들, 그런 드라마나 그런 데서 보는 전문 배우들과는 좀 다른 것 같다'는 생각이 들면서, '이 연극을 내가 아무리 하고 싶다 그래도 막 더 육, 칠십 그때 돼도 내가 이 연극을 하고 있을까?' 생각을 저는 하거든요. 앞으로 미래가 어떻게 될 건[지] 모르고, 지금 당장 이 무대, 매일매일 무대에서 서거나 할 때 지금의 이런 내 상황에 가장 최선을 다하는 게, 정말 이때만큼은 이 시간만큼은 하고 싶은 대로 내가 즐기면서 이 무대를 즐기면서 하는 게 전 가장 좋은 것 같아요.

동수 엄마   저는 그니깐 우리 엄마, 아빠들이 제가 3년, 4년, 5년 느꼈던 거를 느꼈으면 좋겠어요. 그래서 많은 분들이 왔음 좋겠고…. 특히나 이번 세 번째 작품은 〈장기자랑〉이잖아요. 저는 이게 애들 꿈이라 생각하거든요. 아이들의 못다 이룬 꿈을 우리 부모님들이 해줬으면 좋겠고, 그 꿈을 이루러 와줬으면 좋겠어요. 지금 시급하거든요 (웃음).

김태현   단원 모집이야, 단원 모집.

동수 엄마   단원 모집을 하고 있는 겁니다 (웃음).

애진 엄마   (영만 엄마를 보며) 근데 나는 언니가 이제 "나이가 먹어서 전문 배우들처럼 할 수 없을 수 있다"고 하는데, 그 나이 먹은 만큼의 우리가 (영만 엄마: 연륜?) (손사래 치며) 아니, 연륜이 아니라 전문 배우가 아니라도 그냥 시를 낭독하면서 어쩌면 대사를 할 수 있듯이 한다면 그게 더 와닿지 않을까? 그 세월이란 게 있잖아. 우리가 지금 부모님들이 40대에 이런 일을 겪었잖아요. 40대에서[를] 거쳐가면서 이 긴 싸움에 또 팔십이란 나이가 돼서 우리가 겪는 과정을 그 아이가 생각할 때 '아이는 18살이었지만 그 아이가 이쯤의 이 나이가 됐겠다' 그러면서 얘기할 수 있지 않을까. 그래도 괜찮을 것 같긴 해요.

동수 엄마   어떤 배우가 그러더라고요, "풍파가 없으면 연기를 할 수 없다"고. 근데 저희는 저희 싸움 자체가 연기기 때문에 아마 4, 5, 60대 돼도, (가슴을 손으로 짚으며) 저는 이제 40대니까요(웃음). 아마 다른 배우보다도 더 다이렉트하게 더 할 수 있을 거란 생각은 들어요. 근데 이제 제가 작년에 개인사로 너무 힘들 때 진짜 저는 도망가고 싶었고 숨고 싶었고 연극 안 하고 싶었거든요. 숨고 싶었는데, 아마 그런 날이 많을 거야, 우리들도. 저는 이제 동수 아빠 건강상태도 그렇고 그런 것 때매 많이 힘들었고 도망가고 싶었고…. 근데 또 한편으로는, 우리 엄마, 아빠들한테, 엄마들한테… (잠시 침묵) 안기고 싶었죠, 위로받고 싶었고. 그니깐 안 도망가고 나왔던 거고…, 또 한편으로는 내가 민폐 끼치면 안 되니깐 나왔던 것도 많았고…. 그러니깐 한 번쯤은 경험해 봐야 되는 것 같아요, 이 연극이란 것 자체가. 물론 연극도 있고 합창도 있지만 이거는 참 값진 것이었던 것 같아요, 저한테는.

애진 엄마   동수 [엄마가 그때 되게 힘들었을 때 나한테 그러더라고. 연극이 아니었으면 자기는 죽었을 거라는 생각을 많이 하더라고요. "연극이라는 자체가, 연극 자체가 그런 게 아니라, 같이 있는 엄마들 때문에도 힘이 됐다"고 얘기를 하는데….

동수 엄마   그러니깐 나 힘들 때 나를 잡아준 거는 연극이었고 우리 언니들이었으니깐. 그래서 제가 이제 동혁이 언니가 힘들었을 때 그 마음을 조금은 알겠더라고. 물론 가정사[가] 아프고 나도 가정사였지만, 저는 언니들한테 큰 힘을 많이 받았어요. 제가 힘들 때, 연극하면서 제가 힘들었던 거 내비쳤을 때, 언니들이 힘껏 안아줬으니깐. 동혁이 언니가 저를 가끔 안아줄 때 많았었어요. (안아서 토닥이는 시늉을 하며) 그러면서 서로서로 알았던 것 같아요, 힘들었던 거를. 저도 동혁이 언니를 좀 많이 안아줬고, 언니 앞에서 일부러 개다리춤도 춰봤고, 안아주기도 하고…. 근데 동혁이 언니도, 물론 대본상이었지만 저를 꼭 안아줘요(옆으로 안는 시늉). 근데 그게… 그게 와닿았거든. 그러니깐 주는 힘은 엄청 컸던 것 같아, 우리끼리 주는 힘도.

면담자   마지막으로 순범 어머니는?

순범 엄마   저는 그때가 언젠지는 모르겠지만 우리 엄마, 아빠, 엄마들이, 우리 감독님이, 우리 쌤들이 항상 건강하게 할 수 있을 때까지 같이 함께했으면 좋겠고요, 어… 아프지 말고 했으면 좋겠고. 제 바람이 있다면 (웃으며) 제가 나이가 이제 내일모레 꺾어져 가지고 오십이 좀 넘었는데요(웃음). (애진 엄마에게) 꺾어졌다고. (애진 엄마 : 오십오가 넘었다고?) 오십오가 넘었다고.

예진 엄마   누가 뭐라 했어? (일동 웃음)

동수 엄마   (순범 엄마 등을 문지르며) 혼자 지금 자책을 해.

순범 엄마   근데 저는 40대보다 더 젊은 거 아시죠? (김태현 : 압니다, 네) 아시죠? 예. 저를 따라올 사람은 아무도 없다는 거.

동수 엄마   누가 뭐라 했어요?

수인 엄마   지금 [〈장기자랑〉의] 박미라야, 지금.

김태현   "이 구역의 미친년은 나야".

순범 엄마   아무튼 우리 항상 건강하게 해줬음 좋겠고, 진짜 우리 함께할 수 있는 친구 엄마들 왔으면 좋겠고요, 아무튼….

예진 엄마   시상식 하는 것 같아.

순범 엄마   아무튼 투쟁도 열심히 합시다.

예진 엄마   근데 감독님이나 스탭분들도 저희 때문에 이 트라우마가 있을 것 같다는 생각이 많이 들어요.

순범 엄마   있지, 왜 없겠어.

예진 엄마   그리고 다 받아주시잖아요. 그렇게 안 해주셔도 되는데 너무 받아주셔서 진짜 걱정이 많이 돼요, 사실은. 건강하셔야 되는데 무슨 죄로(웃음).

동수 엄마   그러니깐, 그런 생각이 많이 들어.

예진 엄마   그래서 제가 늘 감독님한테도 그랬잖아요. "저희 버리지 마세요" 했었는데 어느 순간에는 그런 말을 못 하겠더라고요.

동수 엄마   그러니깐 "저희 버리지 마세요" 할 때 저는 영은 쌤보고 "저 버리고 가라" 그랬지. 진짜로 영은 쌤이 엄청 힘들 때가 있었어요. 물론… 그러니깐 몇 년 됐어, 그게. 근데… (침묵) 보기 너무 안타까운 거야. 물론 수연 쌤도 그게 있었어요, 물론 다른 부분 겹치면서 됐는데…. 영은 쌤보고 "그냥 우리 버리고 가라"고, "못 보겠다"고, 너무 힘드니까. 그러니깐 "아니라"고, "그래도 엄마 때매 버틴다"고 이러면서

227
•
1회차

견뎠었는데.

예진 엄마   정말 내색들을 안 하시고. 근데 알지, 우리가.

동수 엄마   알지. 그러니깐 너무 미안하고.

김태현   제가 수인이 어머님께는 한 번 말씀드린 적이 있었는데, [저희는] 말하자면 예술 하는 사람들이잖아요. 그중에서 연극을 하는 사람들인데, 대한민국에서 연극하는 사람들이 이 참사를 겪고 나서…, 이 세월호 참사를 맞이하면서 '나는 어떤 창작 작업을 할 거냐? 어떤 연극 활동을 할 거냐?'에 대한 고민을 안 한 연극인이 없었을 거예요. 너도나도 세월호 가족들과 함께 어떤 연극 작업을 하고 싶어 하는 마음들이 굉장히 컸을 거란 말이죠. (손을 가슴 앞에 마주 잡으며) 근데 나는 무슨 행운이 닥쳐가지고 대한민국에서 유일하게 엄마들이랑 같이 연극 작업을 하는 사람이 됐어요, 제가. 그래서 그 힘으로 난 지금 연극하는 그 에너지가 생기거든요. 그래서 항상 그런 마음으로 저는 작업을 하고 있으니까요. (손사래 치며) 전혀 생각하지 마시고.

동수 엄마   저는 그러니깐 세월호 그걸 [예술인] 본인들이 연극하는 거랑 엄마들 곁에서 엄마들이랑 같이하는 거는 틀리다 보거든요. 그러니깐 우리 옆에 있던 분들이, 우리보다 더 오래 계신 분들이 우리보다 더 아프고 트라우마 겪으신 분들이 너무 많았기 때문에 그게 무서운 거예요. 저희는 제 거니깐 견디고, 내 새끼니까 뭐….

예진 엄마   당연히 우리는 아파해야 되고.

동수 엄마   네, 내 새끼니깐 견딜 수 있어요. 내 새끼니깐 그거 보고 견디고 하는데, [2017년에 돌아가신] 박종필 감독님 볼 때랑…, 우리… 많아요, 아프신 분들 많았었기 때문에, 그 한 분 한 분이… 아프면서 힘들어하시면서 한 것 너무 많이 봤기 때문에 겁나서, 전 사실 덜컥 겁났어요.

예진 엄마   아니, 우리 감독님 같은 경우는 정말 사람인데 힘든 일이 없겠냐고요, 감독님. 근데 정말 그런 내색을 1도 안 하시는 분이에요. 그러니깐 오히려 더 걱정되는 거예요. 오히려 힘들다고 하는 사람들은 "나 아프다", "난 이래서 힘들다" 이렇게 표현이라도 하는 건데 감독님은, (김태현을 보며 웃음) 그런 게 전혀 없잖아요. 그러니깐 더 걱정되는 거야. 왜 안 힘드시겠어요. 이렇게 우리 이런 (수인 엄마에게) 미안해. 내 기준으로 한다면 이 정신병자 같은 사람이… (일동 웃으며) 그때그때 이게 마음, 기분이, 감정이 다르고 그때그때 이게 다른데…, 이런 사람들을, 그런 피해의식이 엄청 많은 사람들을 이렇게 상대하는데 얼마나 힘드시겠어요. 근데 내색을 안 하시니깐, 막 진짜 이렇게 당근만 주시거든요. 그러니깐 어쩔 때는 많이 걱정돼요.

김태현   (팔짱을 끼며) 29일 날 오시면 제가 내색해 드리겠습니다(일동 웃음).

면담자   그러면 대한민국에서 유일하게 행운이 닥친 (김태현 : 그렇죠) 연출가님의 마지막 말씀으로 구술을 마치려고 합니다.

김태현   네. 어쩌면 방금 전에 한 게 거의 마지막 멘트일 수 있을 것 같은데요. 암튼 그러한 마음으로, 그러니깐 뭐 '우리 극단이 몇 년을 얼마까지 가자' 뭐 이런 것보다는, 그냥 우리는 4·16 이전과 반

드시 달라져야 할 이 사회를 만들 의무가 있다고 생각해요. 응, 그래서 가족으로서, 예술가로서 우리가 가지고 있는 무기는 연극이잖아요. 그러면 뭐가 달라져야 되는지를 하나하나 디테일하게 이야기로 만들어서 사람들을 만나서 이 이야기를 나누고 저 사람들 만나서 저 이야기를 나누면서 다시는 이러한 참사가 일어나지 않을 그런 사회를 만드는 데에 우리 극단 '노란리본'이 정말 멋지게 활약하는 그 방향으로만 쭉 가다 보면 뭐… 가는 길에 뭐 어려운 일이 당연히 있겠지만 10년이고 20년이고 잘 갈 수 있지 않을까. 그 마음으로 갔음 좋겠습니다. 이상입니다(일동 박수).

면담자　　　긴 시간 너무 고생 많으셨고요. 이것으로 4·16가족극단 '노란리본'의 집단 구술을 마치도록 하겠습니다.

구술자 일동　　(박수 치며) 수고하셨습니다. 고생하셨습니다.

4·16구술증언록 유가족 활동 단체 제5권

그날을 말하다 4·16가족극단 '노란리본'

ⓒ 4·16기억저장소, 2020

기획 편집 4·16기억저장소 ㅣ **지원 협조** (사)4·16세월호참사가족협의회
펴낸이 김종수 ㅣ **펴낸곳** 한울엠플러스(주)
초판 1쇄 인쇄 2020년 4월 1일 ㅣ **초판 1쇄 발행** 2020년 4월 16일
주소 10881 경기도 파주시 광인사길 153 한울시소빌딩 3층
전화 031-955-0655 ㅣ **팩스** 031-955-0656 ㅣ **홈페이지** www.hanulmplus.kr
등록번호 제406-2015-000143호

Printed in Korea.
ISBN 978-89-460-6797-4 04300
         978-89-460-6801-8 (세트)
* 책값은 겉표지에 표시되어 있습니다.